제5회 한국건축역사학회 작품상 수상작품집
원불교 원남교당

일러두기
인명이나 지명은 국립국어원의 외래어 표기법에 따랐습니다.
단, 일부 굳어진 명칭은 일반적으로 사용하는 명칭을 사용했습니다.

발간사

금년 1월 27일 지인 몇 명과 함께 이번 제5회 한국건축역사학회 작품상으로 선정된 〈원불교 원남교당〉을 방문한 적이 있습니다. 오늘 작품집의 발간사를 쓰면서 몹시 추웠던 그날, 사전 예고도 없이 불쑥 찾은 저희를 따뜻하게 맞이해 주고 건물의 이곳저곳을 소개해 주신 관계자분의 얼굴이 떠오르며 우연히 함께 건물을 둘러보게 된 중년의 아주머니들 이야기가 귓가에 울립니다. 그리고 세상을 보는 눈은 크게 다르지 않다는 생각을 했습니다.

메이지 시대 일본의 정치가이자 환경운동가 다나카 쇼조(田中正造, 1841-1913년)라는 사람은 "참된 문명은 산을 황폐하게 하지 않고, 강을 더럽히지 않고, 마을을 부수지 않고, 사람을 죽이지 아니한다."라는 말을 한 적이 있습니다. 여기서 문명을 건축과 도시가 만들어내는 건조 환경으로 대치해도 크게 문제가 될 것이 없어 보입니다. 조민석 건축가의 원불교 원남교당은 원남동이라는 지역에 참된 건조환경을 만들어 주었습니다.

이 같은 저의 개인적 생각은 작품집에 수록된 창신(暢神)이 돋보이는 건축가의 글과 탁월한 안목에 기초한 심사위원들의 심사평을 통해서도 모두 충분히 전달되고 있으며, 특히 환경과 건물이 이야기하고 있는 다양한 목소리를 어렵지 않게 느낄 수 있어, 좋았던 기억이 지금도 생생합니다.

원불교 원남교당의 입구쪽 벽 위에는 "물질이 개벽되니 정신을 개벽하자."라는 글귀가 적혀 있습니다. 원불교가 주창하고 있는 바이기는 하지만, 이 건물이 가지고 있는 존재 의미와 가치를 대변한다고 주장하면 너무 앞서 간 것일까요.

끝으로 감사의 말씀을 드려야 할 것 같습니다. 오늘 우리 앞에 놓여진 이 한 권의 작품집을 위해서 많은 분이 수고를 해 주셨습니다. 김기주 위원장님을 비롯하여 심사에 참여하신 위원님들, 편집과 촬영, 출판에 이르기까지 관여해 주신 모든 분에게 학회 회원을 대표해서 감사의 마음을 전합니다. 그리고 심원문화사업회 이태규 대표님의 지속적인 관심과 지원, 너무도 고맙습니다.

앞으로도 한국건축역사학회는 탁월한 작품 선정을 통해 참된 건축문화를 만들어 가는 데 앞장섬으로써 도움을 주신 모든 분들의 뜻에 보답할 수 있도록 최선을 다하겠습니다.

2023년 12월

한동수
한국건축역사학회 회장
한양대학교 교수

3　발간사 한동수

6　원불교 원남교당

46　제5회 한국건축역사학회 작품상 선정 과정 김기주
50　심사평 이치훈
56　수상자의 글 조민석
68　크리틱 1 박정현
74　크리틱 2 현명석
80　크리틱 3 김인성
88　한국건축역사학회 작품상 운영규정

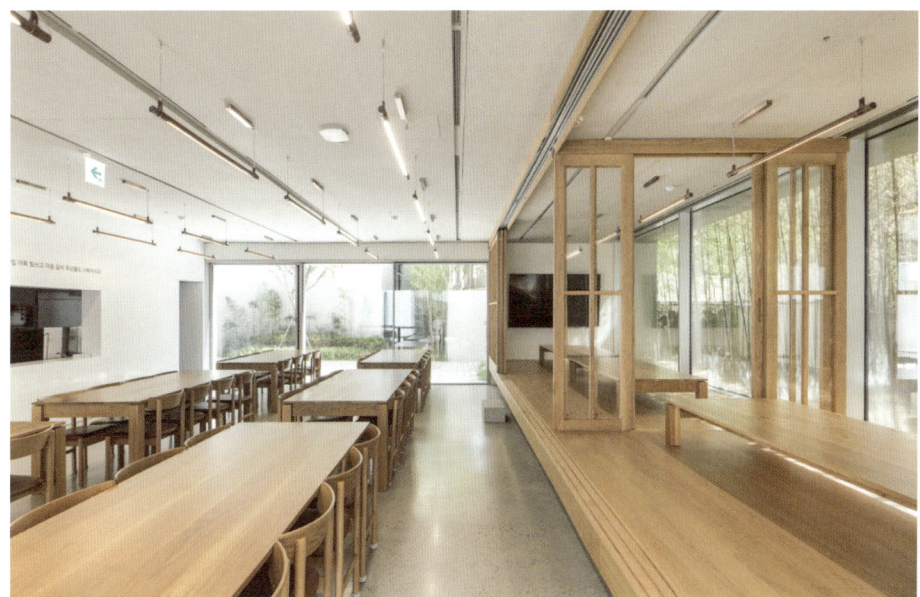

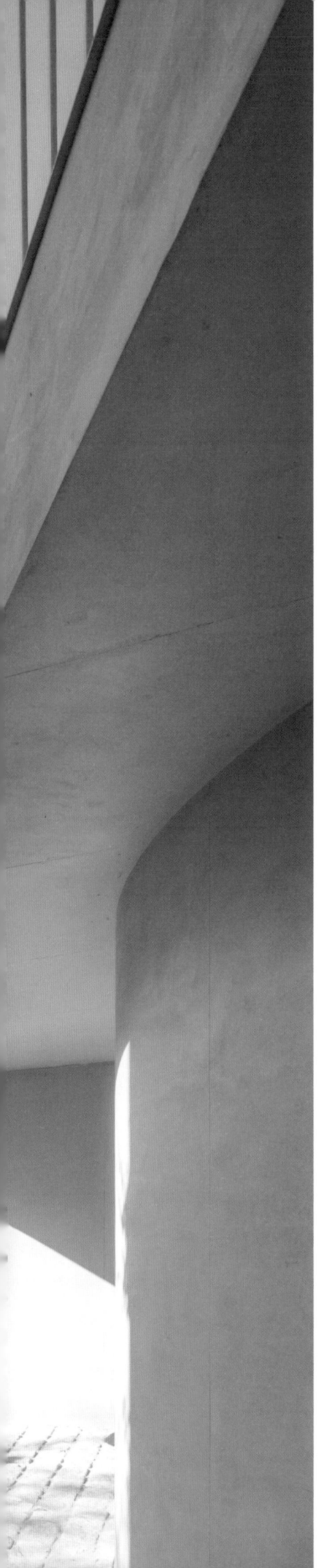

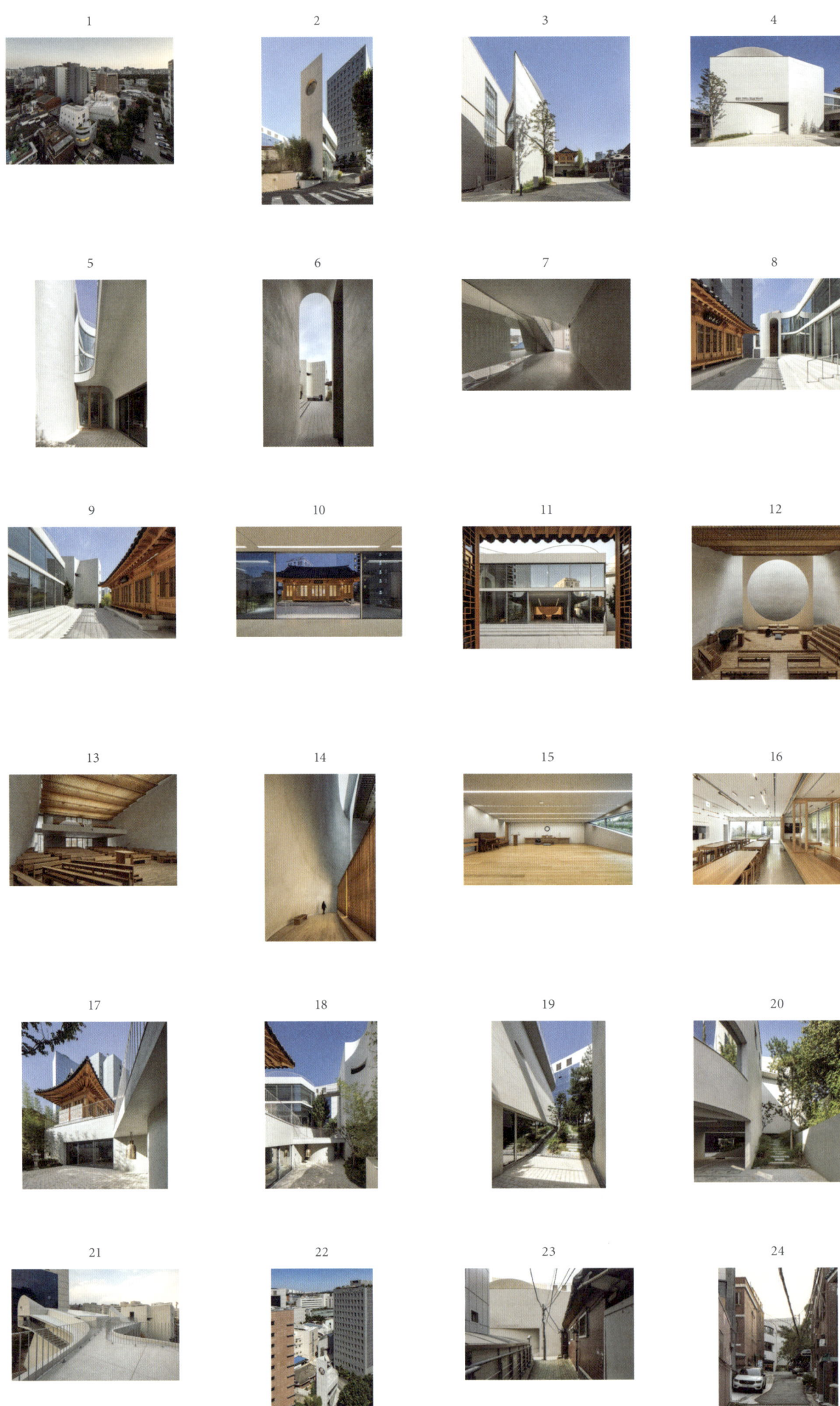

1
원불교 원남교당 전경. 기존 법당 자리에 종교관을 신축하고, 이를 중심으로 동측 부지에는 상주 성직자 및 템플 스테이를 위한 숙소 '훈련관'(테라스가 보이는 건물)이, 남서측의 눈에 띄고 접근이 쉬운 작은 부지에는 명상학교 본부 '경원재'가 자리 잡았다.

2
경원재와 외부 진입 계단. 문화적 기능을 담은 경원재는 사랑방처럼 이용된다.

3
진입마당. 멀리 인혜원과 1층의 식당이 보인다. 길에서 직접 맞닿는 식당을 통해 교도와 이웃의 일상이 더욱 밀착되도록 했다.

4
남측 골목에서 바라본 종교관 정면. 왼쪽으로 이웃한 풍경이 공존한다.

5
원불교 원남교당의 주출입구.

6
기념공간 입구에서 본 마당. 외부 계단을 통해 2층 마당으로 들어서면 마당 서측의 기념 공간과 만난다.

7
기념공간에 들어서면 위, 아래, 정면의 세 방향, 즉 하늘, 땅, 이웃을 향할 수 있도록 유도하는 세 개의 창이 특별한 방식으로 주변 세상을 여과하며 드러낸다. 이곳은 원상 공간이 있는 대각전에 들어가기 전 마음을 가다듬는 전실로 기능하며 대각전 발코니석이 있는 3층으로 연결된다.

8
2층 마당에서 바라본 기념공간 입구. 왼쪽에 경원재 원상의 후면이 보인다. 마당을 중심으로 마주 앉은 인혜원과 대각전이 축을 이루며 강력한 관계를 형성한다.

9
마당에서 동측 훈련관을 바라본 모습. 대각전과 인혜원, 훈련관이 느슨하게 둘러싼 마당은 적절한 시각적 통제를 통해 주변 도시와 분리되며, 고즈넉한 분위기로 원남교당 내 영적 환경의 비워진 중심이 되어 고유한 질서를 부여한다.

10
대각전에서 바라본 인혜원. 대각전과 인혜원의 문이 동시에 열리면 남북을 가로지르는 통합된 공간이 되기도 한다.

11
인혜원에서 바라본 대각전. 마당은 항상 엄숙한 것만은 아니어서 따뜻한 계절엔 다양한 모임 장소로 이용된다.

12
대각전 발코니석에서 바라본 원상. 거대한 원이 담아내는 것은 평면적 이미지가 아니라 후면에 기울어진 곡면 구조벽이 담아내는 공간이다. 이 공간은 천창이 있어 한순간도 고정태로 존재하지 않는다. 빛과 그림자로 인해 시시각각 변화하는 정중동(靜中動)의 공간이다.

13
대각전은 계단식 극장 구조로 이루어져 있고 좌석은 모두 전면 '원상 공간'을 향한다.

14
원상 후면의 하부, 1층 영모실(memorial room)은 14m에 달하는 높이로 극적인 수직의 공간이 빛이 시작되는 하늘을 향한다.

15
1층 선실(meditation hall).

16
1층 식당(공양실) 내부 모습. 인혜원 하부에 자리 잡았다.

17
1층 마당에서 바라본 인혜원과 식당. 인혜원은 온지음 집공방에서 설계한 공덕주 기념 공간이다.

18
1층 마당에서 바라본 2층 은행나무. 구 법당 앞마당 구석에서 뿌리내려 원남교당의 시작과 함께해 온 아름드리 은행나무 한 그루를 보존했다.

19
북측 서울대 의대 캠퍼스로 연결되는 종교관과 훈련관 사잇길.

20
동측 골목 쪽에서 바라본 훈련관.

21
대각전 옥상의 건축적 산책길. 왼쪽으로 여래길과 창경궁 조망이 가능한 기도실이 보인다. 원남교당의 건물군에서는 1층에서 옥상까지, 외부에서 내부로, 그리고 다시 외부로 이어지는 건축적 산책길이 완성된다.

22, 23, 24
구 법당은 남서측 코너에서만 접근이 가능했지만, 신축 건물군에서는 주변 골목길 조직 내 도시 공간의 이웃과 단절이 아닌 소통의 풍경을 만들고자 했다. 이를 위해 막다른 길들을 다시 연결하고, 담을 헐어 건물 사이 죽은 공간들을 활성화시켰다. 결과적으로 세 부지와 연결되는 일곱 개의 골목길이 막힘없이 이어진다.

원불교 원남교당 건축개요

설계명
원불교 원남교당

설계 기간
2018.09. – 2020.08.

공모 당선
2018.12.

공사 기간
2021.04. – 2022.10.

유형
종교시설(설계공모 당선)

위치
서울시 종로구, 대한민국

대지 면적
종교관: 1,243.90m²
훈련관: 289.70m²
경원재: 121.70m²

건축 면적
종교관: 726.60m²
훈련관: 162.50m²
경원재: 61.44m²

연면적
종교관: 1,984.20m²
훈련관: 554.52m²
경원재: 164.01m²

건폐율
종교관: 58.40%
훈련관: 56.09%
경원재: 50.48%

용적률
종교관: 106.30%
훈련관: 191.41%
경원재: 84.89%

규모
종교관: B1F, 3F
훈련관: 5F
경원재: B1F, 3F

구조
철근콘크리트조

주요마감
내부: 노출콘크리트, 흡음뿜칠
외부: 노출콘크리트

의뢰인
원불교 원남교당
교감 모경희 교무
이예진 교무
고해민 교무

공덕주 대표 신덕전(연균),
홍도관(석준)

건축위원장 감선진
건축위 간사 유장훈
건축위 총무 이성종

고문 故고문국(윤석)
교도회장 홍성문
교도부회장 오상돈
교도부회장 최은상
교도부회장 허성원
교도부회장 배정혜

그리고 원불교 원남교당
교도님들.

설계
매스스터디스 –
조민석, 박기수, 강준구,
천범현

현상설계팀
배정혜, 석치환, 정대인,
구재승, 이상민, 김보라,
이성훈, 지윤미

본설계팀
정승환, 정대인, 홍성범,
장국정, 최은주, 김장운,
강민경, 양지윤, 박서인,
김지현

감리팀
정승환, 장국정

구조설계
터구조 – 박병순

전기 / 기계설계
하나기연 – 장상락

인혜원 설계
온지음 – 김봉렬, 박채원

인혜원 시공
강인 – 정상철, 홍성범

조경
조경설계 서안 –
정영선, 이진형, 설윤환

조명
뉴라이트 – 윤승현

난간 시공
알코리아 – 김천식

음향
튠웍스 – 김지경

영상
하이드랩 – 박병철, 정안성

가구
스탠다드에이 –
류윤하, 이학중

사이니지
MYKC – 김용찬, 강길량

시공
다산건설엔지니어링 –
김성식, 조준경, 전길용,
임용일, 최승호

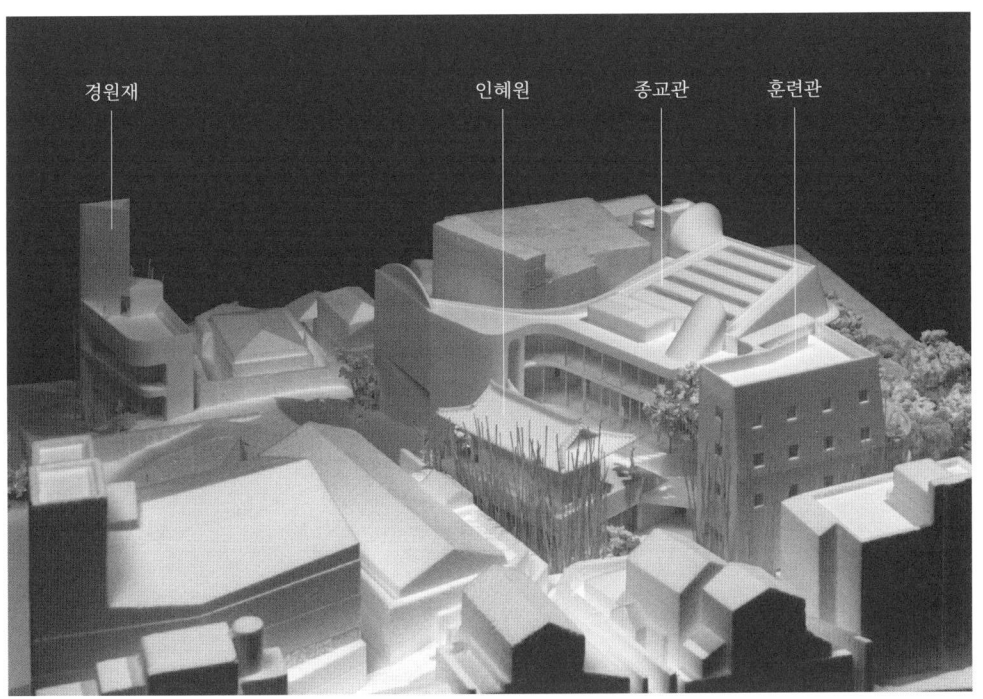

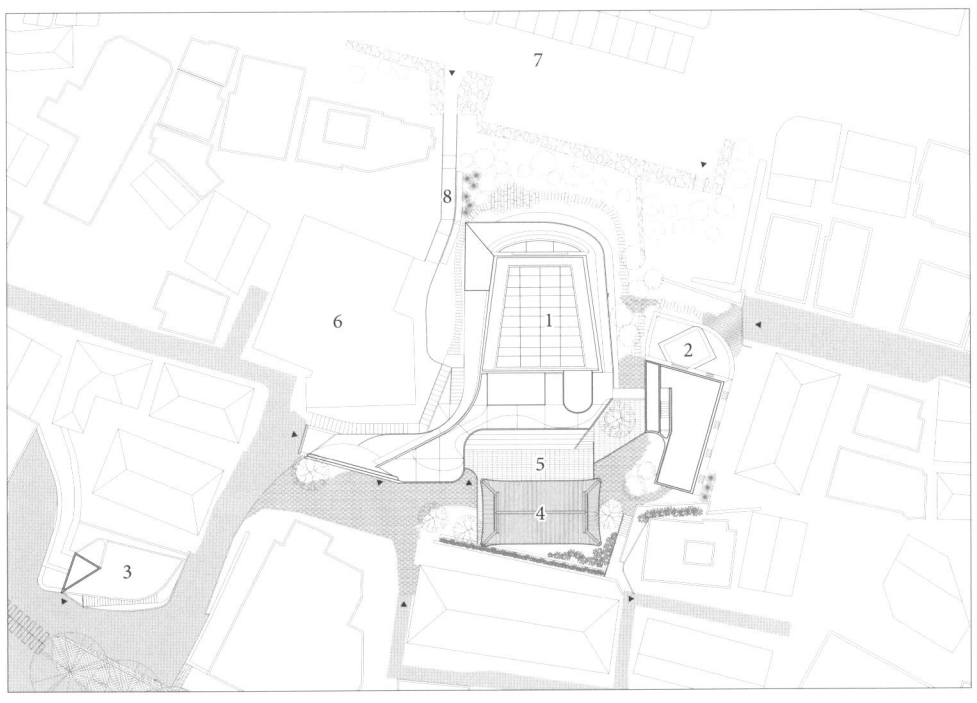

배치도

1 종교관
2 훈련관
3 경원재
4 인혜원
5 마당
6 넥슨어린이통합케어센터
7 서울대 의대 캠퍼스
8 서울대학교병원 연결통로

1 Main Dharma Building
2 Community Hall
3 Annex
4 Inhyewon Donors Memorial
5 Courtyard
6 Nexon Children's Integrated Care Center
7 SNU Medical Campus
8 Connection Path to the SNU Medical Campus

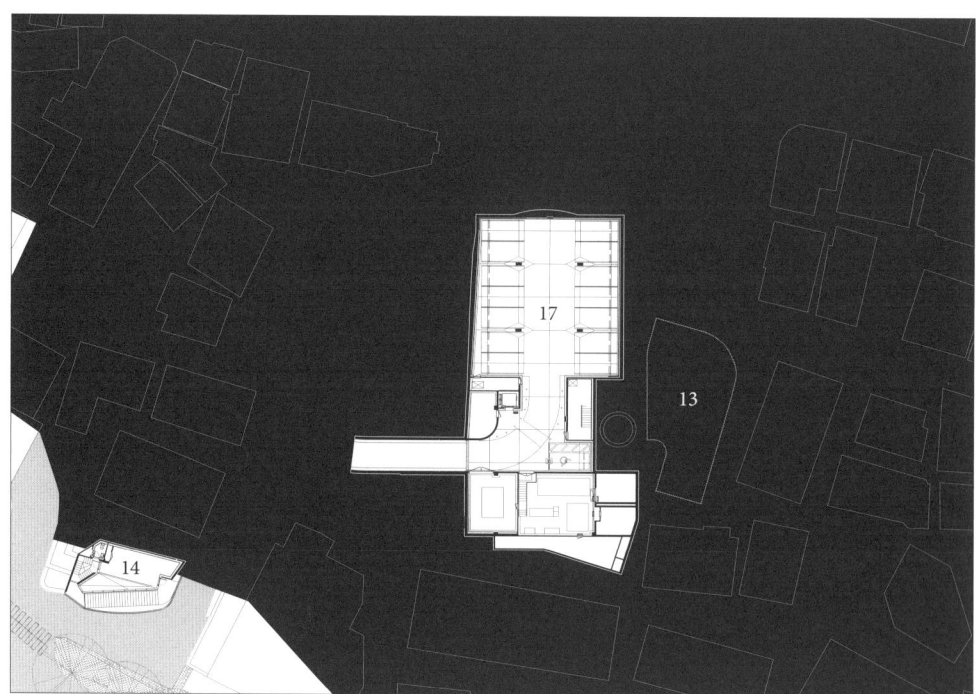

지하1층 평면도

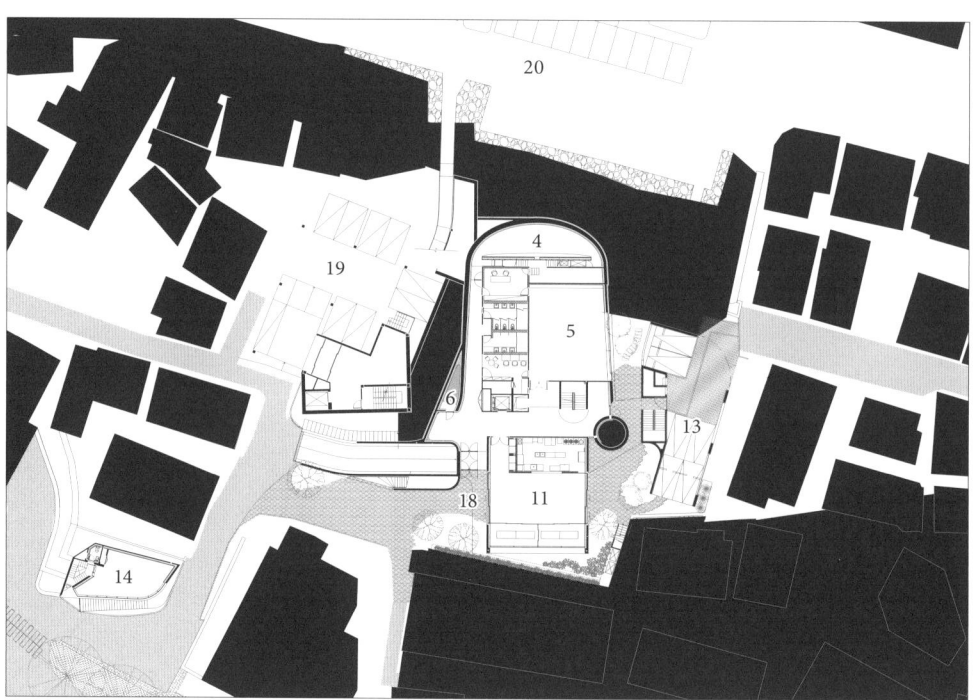

지상1층 평면도

1 대각전	10 3층 홀
2 대각전 중층	11 식당
3 원상	12 여래길
4 영모실	13 훈련관
5 선실	14 경원재
6 기도실	15 인혜원
7 기념공간	16 마당
8 유아방	17 주차장
9 2층 홀	18 주출입구
	19 넥슨어린이통합케어센터
	20 서울대 의대 캠퍼스

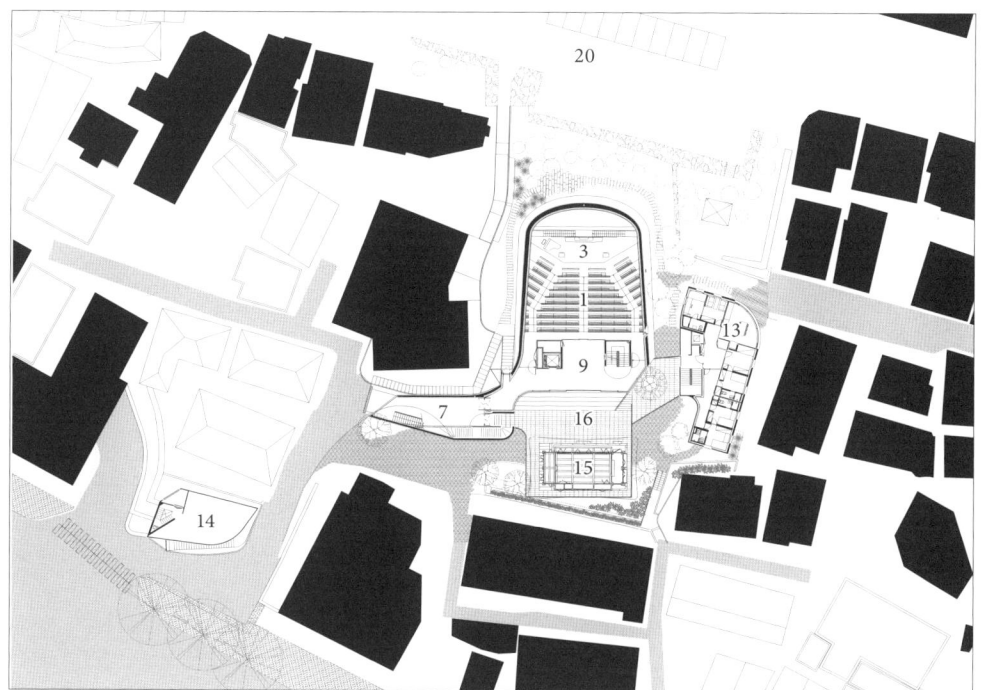

지상2층 평면도

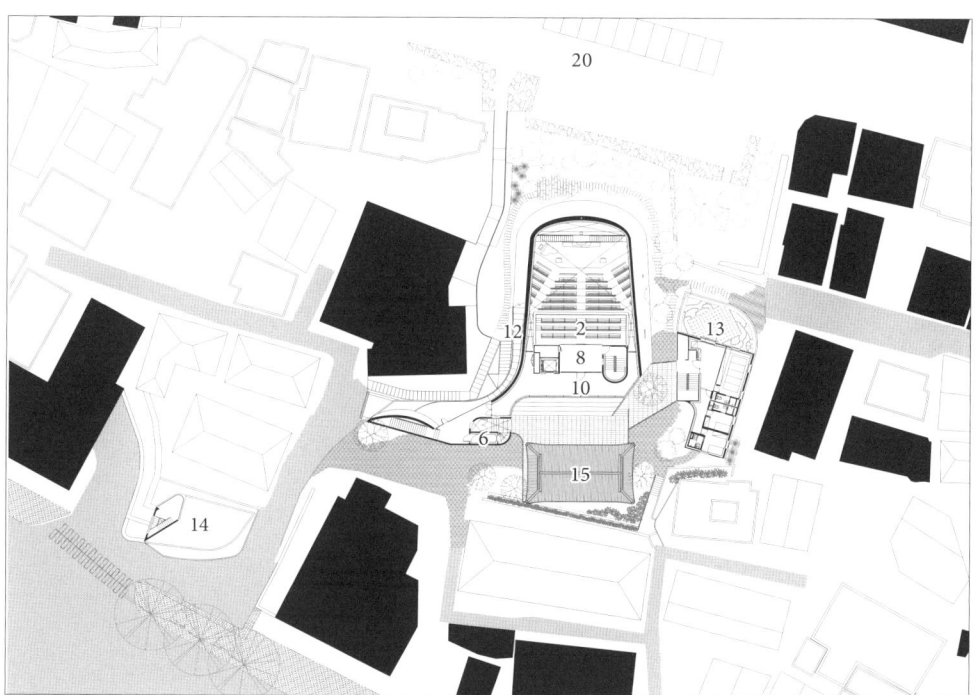

지상3층 평면도

1 Main Sanctuary
2 Balcony Seating
3 Won Space
4 Memorial Room
5 Meditation Hall
6 Prayer Room
7 Commemoriative Space
8 Nursery
9 2nd Floor Lobby
10 3rd Floor Lobby
11 Dining Hall
12 Path of Awakening
13 Community Hall
14 Annex
15 Inhyewon Donors Memorial
16 Courtyard
17 Parking
18 Main Ent.
19 Nexon Children's Integrated Care Center
20 SNU Medical Campus

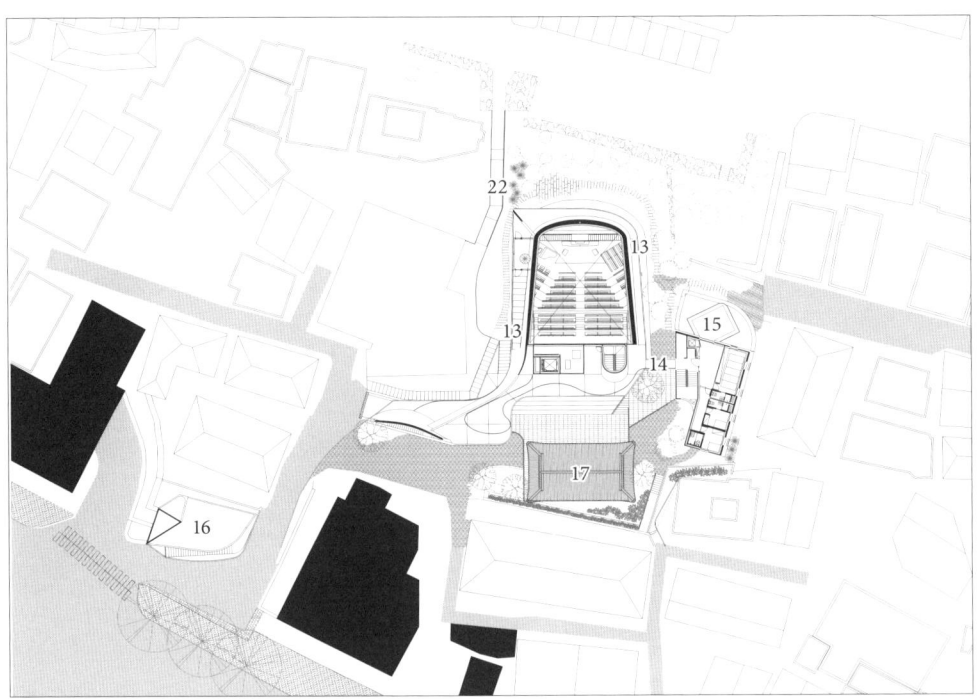

옥상층 평면도

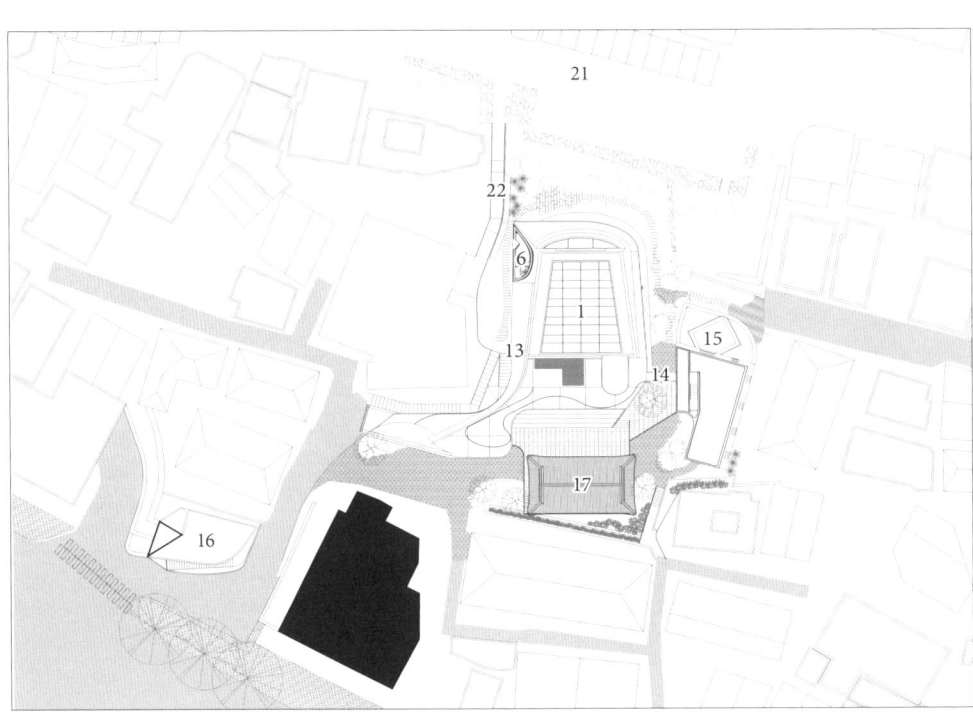

옥탑층 평면도

1 종교관
2 대각전
3 원상
4 영모실
5 선실
6 기도실
7 유아방
8 로비
9 2층 홀
10 3층 홀
11 식당
12 주방
13 여래길
14 연결다리
15 훈련관
16 경원재
17 인혜원
18 마당
19 주차장
20 넥슨어린이통합케어센터
21 서울대 의대 캠퍼스
22 서울대학교병원 연결통로

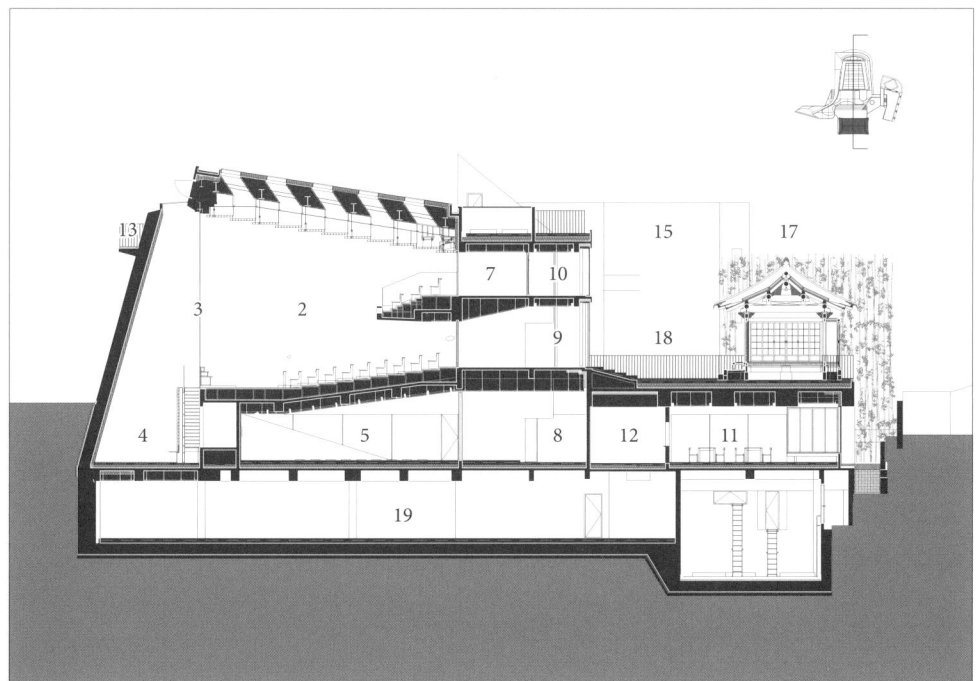

종단면도

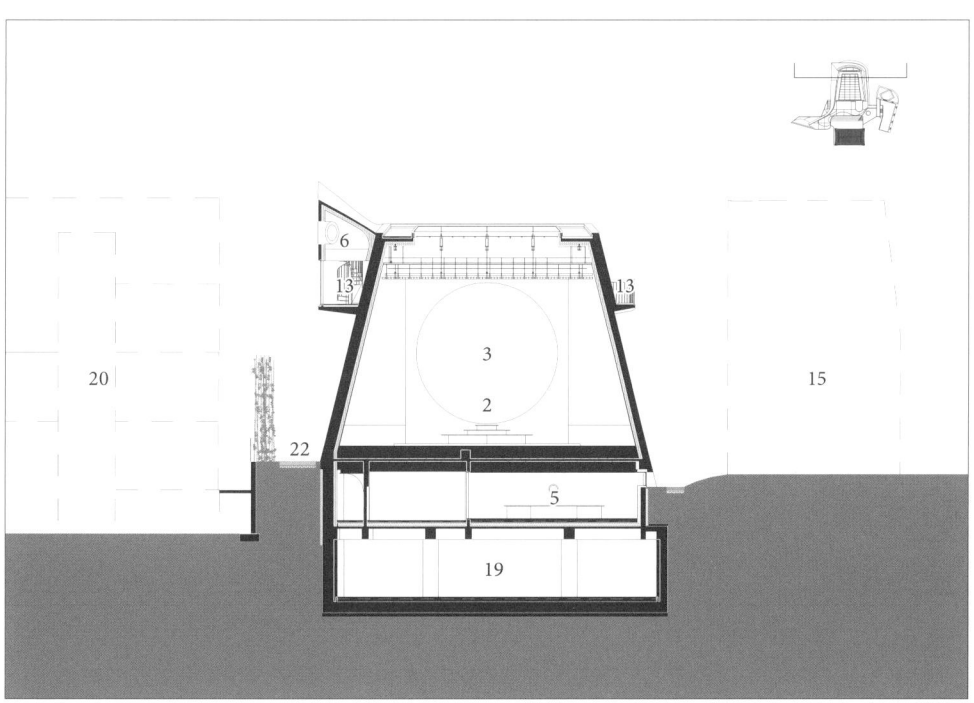

횡단면도

0   5m

1   Main Dharma Building
2   Main Sanctuary
3   Won Space
4   Memorial Room
5   Meditation Hall
6   Prayer Room
7   Nursery
8   Lobby
9   2nd Floor Lobby
10 3rd Floor Lobby
11 Dining Hall
12 Kitchen
13 Path of Awakening
14 Bridge
15 Community Hall
16 Annex
17 Inhyewon Donors Memorial
18 Courtyard
19 Parking
20 Nexon Children's Integrated Care Center
21 SNU Medical Campus
22 Connection Path to the SNU Medical Campus

제5회 한국건축역사학회 작품상 선정 과정

김기주
한국건축역사학회 부회장
한국기술교육대학교 교수

(사)한국건축역사학회(회장 한동수) 제16대 이사회에서는 지난 2022년 7월 학회의 규정에 따라 한국건축역사학회 회원 9인이 참여하는 작품상위원회를 구성했고, 이렇게 구성된 작품상위원회에서 작년 제4회(2022년)에 이어 제5회(2023년) 작품상을 선정했다.

2023년 8-9월 중, 학회 이사진과 위원회가 추천한 16개의 작품 중에서 대면/비대면 위원회 모임과 1차 심사를 통해 3개 작품을 최종 후보작으로 선정했다. 이후 규정에 따라 위원회 산하 소위원회를 소집하여 10월에 이들 세 작품을 대상으로 현지답사와 공개토론회를 거쳐 2차 심사를 진행했으며, 그 결과 건축사사무소 매스스터디스(조민석)의 〈원불교 원남교당〉(준공 2022년)을 제5회 한국건축역사학회 작품상 수상작으로 선정했다.

한국건축역사학회의 작품상이란?

작품상 운영규정에 의하면 '한국건축역사학회 작품상은 건축설계 분야에서 건축 및 도시의 역사적 맥락을 뛰어나게 해석하여 적층된 시간의 힘을 창의적으로 드러낸 최근 준공작을 대상으로 하고, 건축가에게 수여한다'고 되어 있다.

학회의 설립 목적인 건축역사와 이론, 비평의 학문적 계승과 발전을 통해 건축문화의 진흥에 기여한다는 취지에 맞춰 2018년에 만들어진 상으로 역사적 맥락과 시간의 적층이라는 관점을 건축에 어떠한 방식으로 표현했는지가 중요한 선정 기준이 된다.

제1회 작품상: 부천아트벙커B39, 김광수(스튜디오 케이웍스)
제2회 작품상: 가파도 프로젝트, 최욱(원오원 아키텍스)
제3회 작품상: 노스테라스, 황두진(황두진건축사사무소)
제4회 작품상: 통의동 브릭웰, 이치훈+강예린(SoA건축)

작품상위원회와 선정 소위원회 구성

학회의 규정에 따라 학회 회원 9인이 참여하는 작품상위원회를 구성했다. 학회 이사인 정만영(서울과기대), 김영철(배재대), 이재영(홍

익대), 신건수(경남대) 4인과 부회장 김기주(한국기술교육대) 외에 회원으로서 김인성(영남대), 도연정(건축연구소 후암연재), 박정현(전 도서출판 마티 편집장), 현명석(한양대) 등 총 9인이 위원으로 참여했다. 작품상위원회의 역할은 작품상 후보작 3개를 선정하는 것으로, 완공년도를 기준으로 5년 이내의 작품 중 학회 이사진과 작품상위원회 위원의 추천을 받은 16개 작품에서 3개 후보작을 선정했다.

작품상선정 소위원회는 위원회의 추천을 받은 3개 작품을 대상으로 2차 심사과정을 거쳐 최종 수상작을 선정했다. 후보작 현지를 방문하여 건축가의 설명을 듣고 이후 공개토론회를 거쳐 심사하는 과정을 거쳤다. 5인으로 구성되는 소위원회는 당연직으로 김기주 학회 부회장이 위원장이 되고 위원회 2인(박정현, 김인성)과 외부위원 2인으로 이치훈+강예린(SoA건축, 전년도 수상자), 박성진(전 공간 편집장, 사이트앤페이지 디렉터)이 참여했다.

최종 후보작

2023년 8월부터 9월까지 작품상위원회에서는 정만영 이사가 중심이 되어 수차례의 대면/비대면 회의를 개최하여 위원들의 다양한 의견교환이 이루어졌다. 16개 추천작품에 대한 비판적 검토와 토론 등을 통하여 1차 8개 작품으로 대상을 압축했고, 이후 최종 후보작으로 3개 작품을 선정했다.

최종 후보작은 〈제주북초등학교 김영수도서관〉(권정우/탐라지예건축) 〈노무현시민센터〉(전숙희+장영철/와이즈건축) 〈원불교 원남교당〉(조민석/매스스터디스)이다. 작품상위원회는 이들 작품에 대해서 장소적 특성과 주변과의 관계적 맥락을 건축으로 잘 표현했다는 측면에서 작품상 후보로 충분하다고 판단했다.

〈제주북초등학교 김영수도서관〉은 제주시 원도심에 위치한 북초등학교 안에 위치한다. 골목길을 사이에 두고 제주목 관아지에 복

제주북초등학교 김영수도서관, 권정우(탐라지예건축) ©yangtaeyoung

노무현시민센터, 전숙희+장영철, 와이즈건축 ⓒ노경

원된 2층 망경루를 마주하고 있다. 원도심 도시재생 마중물 사업의 하나로, 사용되지 않고 있던 도서관과 관사, 창고를 엮어 새로운 공간으로 만들었다. 엄격하게 말하면 일종의 리모델링이라 할 수 있다. 그렇지만 내부공간을 변용하고 마감 정도를 새롭게 하는 정도의 작업에 그치지 않고 도서관 1층에 한옥을 들여 그 구조를 노출키고 칸마다 온돌방을 구성했다(house in house). 골목길에서 보았을 때 2층 라멘 구조물 안에 한옥 지붕과 처마가 노출되어 과거 이곳의 정취를 돌아보게 만들고, 주민들의 호기심을 불러일으키는 건물이 되었다. 건축가와 건축주인 교장선생님, 그리고 도시재생지원센터의 호기로움이 합쳐 학생들과 지역민들에게 친근한 멋진 공간을 선사한 것으로 평가할 수 있다.

〈노무현시민센터〉는 창덕궁의 서측 담장 너머 나지막한 구릉이었던 곳에 위치한다. 근대화 과정에서 들어서 있던 건물들이 그 구릉을 대신하고 있었지만 건축가는 창덕궁으로 흘러가던 옛 구릉을 되살리고 싶었던 듯하다. '민주주의 최후의 보루는 깨어있는 시민의 조직된 힘이다'라는 고 노무현 대통령의 정신을 공간으로, 또 형태로 표현하고자 노력했다. 그러한 노력은 매스 안쪽으로 트인 공간을 다양하게 형성하면서, 또 외피로 덮힌 구릉이 지면으로 흐르는 사이에 틈을 만들어 부분적으로 트인 공간을 만드는 과정에서 엿보인다. 또한, 건축가는 외피를 구성하는 매스와 타일이라는 재료의 무게를 유리라는 투명한 재료로 덜고자 한 듯하다. 그리고 그 사이사이 작은 길이 연결되면서 하나의 매스로 이루어진 전체를 분절하고 있어 시민들에게 열린 공간을 제공하고 있다. 이런 점에서 노무현센터가 아닌 시민센터로서의 역할을 하고 있는 것으로 평가할 수 있다.

〈원불교 원남교당〉은 서울대 의대 캠퍼스와 맞닿아 있다. 사실 대지 남쪽 대로인 율곡로에서는 교당이 있음을 인지할 수가 없다. 다만 모서리 언덕길에 도로에 에워싸여 있는 듯한, 켜를 나눈 단아한 매스에 투명 유리가 물결치는 경원재의 수직 타워가 그 길로 들어서면 무언가 있을 것임을 암시할 뿐이다. 원남교당이 입지하고 있는 지역의 특성, 작은 골목길이 무질서하게 얽혀 있는 그 복잡성을 커다란 종교관과 이어진 훈련관이 다 받아주고 있다. 끊어질 듯 이어지는 동선의 흐름은 매스를 끼고 비켜가기도 하고, 매스 안으로 들어와 머물기도 한다. 그리고 그 머뭄의 중심에는 대각전 원상이 있다. 원불교의 상징인 '원'을 입체적으로 표현하여 그 안으로 마음이 들어갈 수 있도록 배려한 것이라 보인다. 2층 홀에서 유리 너머 마주하는 인혜원도 사물을 객체화시키기 위한 요소로 작용하고 있다. 마치 원래부터 그곳에 위치했던 것처럼 대각전을 바라보고 있다. 여기저기 숨어 있는 다양한 공간을 어둠과 밝음의 경계에 따라 움직이다 보면 예배당이기보다 예전 그 동네 골목길을 상상하게 되고, 은행나무 한 그루 아래 앉아 쉬기도 하는 휴식공간이 된다. 많은 것을 보여주는 건축으로, 건축가의 세심한 배려가 잘 나타난 건물로 평가할 수 있다.

수상작 선정

작품상위원회에서 이들 세 후보작을 두고 수상작을 선정하는 게 쉬운 일은 아니었다. 후보작들은 이미 알려지기도 했고, 지면에도 소개되기도 했지만 직접 작품을 세세히 살펴볼 기회는 없었기에 10월 9일 작품상위원회 위원과 소위원회 위원들이 서울 소재 두 곳의 현장을 방문했고, 10월 22일에는 제주북초등학교 현장을 방문했다. 직접 현장에서 간단한 소개와 더불어 건축가의 설명을 듣고 위원들의 질의와 답변을 들었다. 그리고 11월 4일, 토론회를 개최하여 각 작품을 추천한 위원들의 추천 이유와 건축가의 설명, 그리고 종합토론을 벌였다. 전 과정은 줌을 이용해 온라인 생중계하여 회원들과 공유했다.

최종 후보작 세 작품 모두 장소성과 주변 환경과의 맥락을 설계의 중심과제로 삼고 있었기에, 늘 그러하듯 수상작을 선정하는 과정이 쉽지는 않았다. 모두 수상작으로 부족함이 없다고 보았지만 선정위원들은 건축역사학회 작품상의 취지에 맞춰 하나의 작품만을 수상작으로 선정해야 했고, 그 결과 건축가 조민석의 〈원불교 원남교당〉을 작품상으로 선정하는 데 뜻을 모았다.

심사평

측정할 수 없는 가치들

이치훈

귀하게 발굴된 세 작품의 심사에 임하면서 너무나 당연한 질문이지만 "역사학회 작품상이 포착해야 하는 '작품성'은 어떤 역사관 위에서 조명되어야 할까?"라는 자문을 하게 되었다. 역사에 관한한 나는 아마추어이고, 그래서 이 짧은 심사평을 통해 역사학회 작품상의 기준을 마련하겠다는 것은 아니다. 이 글이 소위 역사적 비평이라는 것에 대한 학회의 입장을 대변하는 것은 더더욱 아니다. 다만 심사에서 판단 과정에 대한 이해를 구하고 후속 논의를 촉발하기 위해 건축이 처한 역사적 상황에 관해 나의 개인적인 인식을 공유하고자 한다.

현대의 건축을 더 이상 양식의 연속된 법칙이나 형식의 자율적 발전 과정이라는 선형적 세계관 혹은 절대주의의 역사관으로 독해하기란 불가능하다는 데에 동의한다. 연속성, 발전, 진화의 패러다임이나 시대정신은 폭발하는 개별성에 항복한 지 오래다. 서양과 동양, 근대와 전근대, 현재와 과거를 절대적 개념의 대립항으로 이해하는 것 또한 유효하지 않다. 건축물을 만드는 행위는 절대적 기율에서 비롯된 '창조'라기보다 시시각각 변화하는 '생산관계'로 설명되는 것이 더 설득력 있다는 인식이다. '생산관계'는 지역과 국가의 경계가 없고 무한한 자유 경쟁이 가능한 세계 속에 있다. 또한 생산과정 속에 내재하는 법칙, 위계, 원칙의 변화는 빠르게 진행 중이다. 이 변화들은 비판적 시각으로 무장한 건축이 능동적으로 이끌어가는 것이기보다 건축 외부에서 마련되어 건축 내부로 던져진 조건의 변화이다. 개인과 기관을 망라한 금융 지배, 다국적 기업과 국가 주체 등이 건축에 강요하는 조건이다. 여기에 비판적 관점의 건축역사, 이론, 비평이 개입할 여지는 점점 좁아지고 있다. 이론과 비평이 대상으로 삼고자 하는 좁은 범위의 건축에서 조금만 눈을 돌려보면 건축을 생산하는 건축가의 직능에 절대적 옳고 그름의 기준은 없으며 오로지 정당성만이 문제가 된다. 우리는 극단적 상대주의의 시간 속에 있다고 인식하고 있다.

OMA의 파트너 레이니르 더 흐라프(Reinier de Graaf)는 최근 그의 저서 『아키텍트하다 – 건축의 새로운 언어』(Architect, Verb, 조순익 옮김, 스페이스타임, 2023)에서 '상투적 언어'에 포획된 건축 시장의 세계적 추세를 조망한다. 소위 '전문가 화법(profspeak)'으로서 건축을 포함한 창조적 직업군이 공통적으로 구사하는 상투적 언어가 있다는 것인데, 이것은 불과 일이십 년 사이에 건축으로 스며들어 모호한 소통의 도구로 광범위하게 자리 잡았다. 저자에 따르면, 이 모호하고 상투적인 언어들 중 일부는 온실가스 배출, 에너지 사용과 같은 환경문제나, 전 세계 GDP의 3배에 해당하는 자산으로서 금융을 떠받치는 건설산업의 측면에 관한 것으로, 건축을 더 이상 건축가에게만 맡겨둘 수 없다는 건축 외부의 의지와 요구를 반영한 것들이다. 다시 말해, 건축가 외 주체가 유사과학적 방법론으로 만들어낸 측정 가능한 지표를 수단으로 건축의 비교 우위를 판단하기 시작했다는 의미이다. 예를 들어 '웰빙'과 같이 건물을 사용하는 사람들의 측정하기 어려운 감정적 상태를 기반으로 건물이 설계되어야 한다면 건축가들은 어떻게 할 것인가? 그렇다. 국제 웰빌딩 인증협회(IWBI)가 마침 개발해 놓은 정신적 건강 증진을 목표로 한 '웰인증(WELL certification)' 과정을 거치는 것이 유일한 방법이다. 건축물에 투사되는 요구조건으로서 이런 유의 상투적 언어와 지표들은 절대적 가치를 판단하는 기준이기보다 비교 우위를 판단하기 위한 기준으로서 일종의 극단적 상대평가의 도구이다. 이러한 언어들은 건축가의 생각에 영향을 준다. 논리 대신 측정에 순응하거나 의존하도록 하며 건축의 비판적 관점을 무력화시킨다.

각종 상투적 언어와 측정 가능하도록 마련된 다양한 지표의 형태로 작용하는 힘이 건축에 침투하는 징후들은 서울에서 실무를 하고 있는 나 스스로에게 발견되는 경향과도 정확히 일치한다. 우리는 누군가에게 우리의 건축을 설명할 때, 늘 '지속가능성' '친환경' '랜드마크' '창조성' '혁신성' '화제성' '장소성' 같은 상투적 언어들을 빠뜨리지 않는다. 설계공모전이나 기관을 상대로 한 프레젠테이션에서는 물론, 심지어는 개인 클라이언트까지 자신의 건축이 '세계적'이고 '혁신적'인 '화제성' 높은 건축으로 설명되기를 원한다. 아이러니하게도 이런 언어들은 건축생산자와 멀리 떨어져 있는 사람들이 개발해 건축 내부로 던져진 것이며, 이제는 건축 전문가들이 본래 자신의 언어처럼 구사하고 있다. 현대 건축의 실무(실천)적 설계 방법론 혹은 과정에서 이론이나 역사가 하나의 체계로 작동한 지는 오래전이며, 극단적으로 상대화된 세계 속에서 개별자들의 고군분투만이 존재한다.

작품상의 최종 후보에 오른 세 작품은 모두 건축 외부가 구축해 놓은 상투적 언어와 지침의 그물망에 포획되지 않으려는 개별자들의 노력으로 이해된다. 그것이 장소이든, 기술이든, 풍토이든 누군가가 이미 정해 놓은 표준을 넘어 측정할 수 없는 가치를 성취하기 위한 비판적 관점을 내재한 과정이었음을 확인할 수 있었다. 본 심사평은 작품 사이의 우열을 논하기보다 각 작품이 어떤 지점에서 비판적 관점을 견지하고자 했는지를 확인하는 차원에서 기술했다.

제주북초등학교 김영수도서관

김영수도서관은 1968년 제주북초등학교 내 준공되어 도서관으로 사용하던 2층 콘크리트 건물과 관사, 창고를 연결하여 전체를 도서관으로 리모델링하는 프로젝트이다. 과거 제주목 관아 부지의 담벼락을 마주하는 위치에 있는 부지 특성은 내외부 공간을 기획하는 데 중요한 참조점으로 작용한 것으로 보인다. 무엇보다 철근콘크리트조의 기존 건축물의 뼈대를 두고 다섯 칸의 한옥을 삽입한 계획은 이 프로젝트의 가장 중요한 기획이다.

한옥의 스케일감, 열리고 닫히는 유동적 구조, 도로 경계에 설치된 기와 담장이 만들어내는 안과 밖의 교차, 좌식과 입식이 혼합된 공간 구성은 도서관의 주 이용자인 어린이와 주민들에게 친숙하면서도 편안한 공간을 제공한다. 시간성이 담긴 고재를 한옥 분위기를 구현하는 질료로 활용했고, 치목을 위해 경복궁 소주방을 작업했던 한옥 대목장을 모신 것 또한 공간을 구축하는 과정 속 핵심적 계기였을 것이다.

물론 실제 사용을 목적으로 하는 건축과 다르지만 답사하면서 거의 자동반사처럼 한옥집을 주제로 한 서도호의 작업이 떠올랐다. 영국 리버풀 어딘가의 건물 사이에 끼워진 한옥 〈틈새 집, Bridging Home, 2010〉, 런던 육교에 걸쳐진 한옥 〈연결하는 집, Bridging Home, 2018〉 등, 어린시절 추억이 담긴 한국 전통가옥의 재현을 통해 개인으로서 작가 스스로를 매개로, 충돌하는 한국과 영국의 두 문화적 양태를 포착해낸다. 서도호의 작업은 낯선 배경에 불시착한 듯 끼워진 친숙함이 만들어내는 생경함으로 두 문화권의 충돌을 명료하게 표현하며 작가 개인의 타자로서 정체성을 드러내고자 한다. 하지만 건축가의 입장에서 보면, 이 작업에서 재현된 한옥은 대조군으로서 낯선 도시의 콘크리트 구조물 사이에서 단지 소외된 대상일뿐, 위계가 느껴지지 않았다. 앞뒤 통째로 잘려 나간 레플리카이지만 고증적 관점에서 정확한 구법, 텍토닉과 디테일을 구사하고 있기 때문이다. 한복 저고리를 입고 베르사유 궁에 입장하는 와중에 옷고름을 여며 메고 갓을 바로잡는 고지식한 선비의 모습이랄까. 이후 개인의 신체에 각인된 문화적 상징으로서 집 프로젝트는 반투명한 섬유를 직조해 한옥을 정교하게 재현하는 것으로 진화하는데, 이것은 새로운 매체로 개인의 신체에 각인된 감각을 타자 혹은 공공에게 확장하는 계기가 되며 국제적인 보편성을 획득한다.

시간 순서라면 한옥은 철근콘크리트 이전인데, 김영수도서관은 선행된 철근콘크리트에 역사적 언어를 후행하도록 했다. 김영수도서관에서 한옥은 건축가에게, 마치 서도호의 작업처럼 개인적 기억이기도 하다. 개인적인 것을 역사적, 혹은 공적 경험으로 확장하고자 하는 욕망은 작업의 진화에 무엇보다도 중요한 동력이다. 다만 당대성, 그러니까 "그때 그것을 왜, 어떻게 했는가?"가 아니라 현재성, "지금

역사적 질료를 왜, 어떻게 다루어야 하는가?"라는 질문이 비판적 관점을 촉발하지 않을까 생각한다. 김영수도서관에서는 집 속의 집이라는 설정이 갖는 한계 속에서 '나무 부재와 철근콘크리트의 면이 만나는 접점과 이를 처리하는 텍토닉'의 이슈, '서로 다른 구축 질서의 혼종 혼합에서 두 질서의 위계를 대등하게 할 것인가 종속되게 할 것인가' 등의 질문으로 대체될 수 있을 것 같다. 특히 한옥의 기와지붕이 넓지 않은 간격으로 콘크리트 슬래브 하부에 위치할 때 발생하는 여러 가지 시지각적 혼종의 상황에 단순히 "지붕을 쳐다볼 수 있는 기회"를 만드는 것 외의 관계성은 없었을까 하는 질문이 남는다.

노무현시민센터

노무현시민센터에는 태생적으로 어려운 과제가 부여되었다. 소위 민주주의라고 하는 추상적 개념을 상징하면서 동시에 작동하는 공간으로 만들어야 하는 것이다. 여기서 건축은 상징을 위한 매체로서 기능하도록 요구받는다. 건축가의 의도와 무관하게 노무현시민센터는 정치적 공간의 성격을 띤다. 정치는 "토론과 타협을 통해 세력을 구축하는 것"이라는 고 노무현 대통령의 말처럼 건축가의 언술은 좁게는 노무현재단의 건축위원회, 넓게는 시민사회, 행정차원에서는 관계기관을 대상으로 설득하고 계획안에 동참하게 하기 위한 도구로 작동하지 않았을까 짐작해본다. 설계공모 당시 공모안의 참조물로 삼은 '경작지'의 개념처럼 건축가의 언술에는 공감대를 이끌어낼 수 있는 비유와 은유, 상징 체계가 필요한 것으로 보인다. 이는 소위 상투적 언어로 작업이 설명되기를 바라는 건축 외부가 요구하는 조건이다. 여기서 건축가의 관심은 외부 요인으로서 이 상투적 언어가 비유와 은유를 넘어 실질적으로 작동하는 공간으로 구현되도록 하는 일일 것이다.

노무현시민센터는 문화재 심의 과정을 거치면서, 경작지 혹은 분절된 볼륨의 집합체로서 마을이란 개념으로부터 지붕 아래 광장이라는 새로운 개념으로 선회하는데, 이 광장은 초기 안에서도 외부 공간에 일부 마련되었지만 내부로 들어오면서 좀더 중요한 상징공간의 역할이 부여되었다. 건축가는 이를 입구에서 바로 지하로 이어지는 시지각적 인식이 가능한, 비워진 공간을 구축하여 대응한다. 건물 중심에 가장 큰 비움을 통해서 광장을 구현했고, 실제로 이 공간은 광장을 둘러싼 다양한 프로그램, 동선, 상부층의 홀과 상호작용을 하면서 다목적성의 실질적 광장의 기능을 획득하고 있는 것으로 보인다. 건축의 외부가 요구하는 상투적 언어에 저항하는 비판적 대응으로 이해된다.

노무현시민센터에서 또 하나의 중요한 계획 요소는 지붕이다. 지붕의 완만한 경사는 최상층의 내부 형상을 정의하고 창덕궁으로 열린 차경의 프레임으로 기능한다. 답사 당시 건축가가 제공한 자료

중 원거리 상공에서 촬영한 원서동 전경 사진에서 센터 주변을 둘러싼 다세대주택의 지붕 형태가 흥미로웠다. 오래된 다세대주택의 집단적 특징 가운데 평지붕 옥상의 파라펫에 띠처럼 둘러진 한옥 기와 장식이 있다. 단층의 한옥 주거지가 4–5층의 집합주거로 개편되는 과정에서 남은 한옥의 흔적기관 같은 것이다. 원서동의 다세대주택은 대부분 지붕 전체를 한옥 기와로 덮어두었는데, 이는 옥상에서 창덕궁을 내려다보지 못하게 하는 일종의 방어장치로서 문화재 심의 규정이 만들어낸 경관이다. 노무현시민센터 역시 이 기준에서 자유로울 수 없었다. 지붕에 올라가지 못함으로써 문화재를 내려다보지 못하게 하는 외부 조건에 순응해야 하는 상투적 기준이다.

지붕은 관습적인 건축에서 하나의 요소로서 분리될 수 있다. 지붕은 대개 처마로 뻗어 나가 종결되거나 벽과 분리되어 존재한다. 그런 면에서 지붕이 벽과 이어져 바닥에 연속되는 것은 관습적 구축 방식 혹은 순응해야 하는 외부적 조건으로서 상투적 지침에 저항하는 대응으로 읽힌다. 지붕은 경사를 따라 흘러내리다 벽이 되면서 일부는 기둥으로 좁아지며 창덕궁을 3차원적 프레임으로 차경하는 요소가 되고, 또 일부는 바닥으로 이어진다. 건축가의 이전 작업에서도 발견되는 언어이지만, 노무현시민센터에서는 상투적 외부 조건에 대응하는 좀 더 적극적인 언어로 진화된 것으로 보인다. 건물의 전체 요소를 벽돌로 마감하고 있어, 벽과 연속된 지붕면의 마감을 위해 조적 패턴을 모사한 GFRC 패널을 적용했다. 이는 지붕 요소의 기능과 함께 표피의 물성이 연속되게 하려는 표현 의지로 해석된다.

원불교 원남교당

건축가의 의식 과정을 추론해보면, 사고의 과정 중 종교관의 위치와 방향이 가장 먼저 결정되었을 것이고, 레벨과 방향이 다양한 길과 대지가 만나는 접점으로 무엇을 어떻게 연결시킬 것인가에 대한 고민이 있었을 것이다. 길을 연결하고자 하는 의지가 도드라져 보이는데, 반면 조형을 우선하려는 의지는 없었던 것 같다. 전체 형상이 이러해야 한다는 당위가 없었다는 것이다. 시시각각 몸체가 변화하는 연체동물처럼 형상을 고정할 수 없었던 것인데, 대신 각 길에서 면하는 파사드를 어떻게 구성해야 할 것인가에 대한 고민이 있었던 것으로 보인다. 그 과정에서 길이 다양한 방향과 레벨에서 면하는 조건으로 인해, 소위 인접한 건축물과 연속되거나 도로에 직각, 혹은 한 방향으로 면한 전형적인 입면이 만들어지지 않도록 하는 평단면 계획의 과정들이 있지 않았나 생각된다. 동시에 길에서 시작되어 흐르는 면의 방향을 틀 때, 둔각이나 예각의 모서리로 분절된 두 개의 면이 아니라 안과 밖으로 부드럽게 꺾이는 하나의 면으로 계획함으로써 유동적으로 시각과 신체를 유도하는 연체동물의 매끈한 피부로 완성했을 것이다. 이는 각 공간에서 시지각적으로 어떤 장면이 보이길 원하는지, 동시에 공간의 서사적 흐름이 어떠해야 하는지를 영화적으로 계획한, 정교하게 조율된 내외부의 투시도적 공간, 유기적이고 유동적인 공간으로 이해된다.

답사와 토론회에서 원남교당의 비유로 문어가 언급되었다. 연체동물의 흐느적거리는 형태의 유동성보다는, 문어발처럼 뻗어 나간 건축의 일부가 길과 만나는 상황을 통해서 완성되어 촉진하는 운동성에 방점을 두고 해석해야 하지 않을까 생각한다. 예를 들어 빨판에서 흡수된 인체가 문어다리를 따라 흐르다가 내장기관을 통해 문어 대가리의 어디쯤 물렁대는 표면을 뚫고 튀어나와 매끈한 뒤통수를 미끄러져 정수리에 이르는 것이다. 역시 형태를 어떻게 만들어야 한다는 의지보다 건축이 길과 길을 연결하는 경로가 되거나, 이 동적 상황을 끊임없이 촉진하는 운동성에 대한 의지가 건축가의 중요한 달성 목표가 아니었나 생각된다.

전체를 보지 않아도 부분으로서 전체 공간의 구조를 짐작할 수 있는 계획도시와 다르게 오로지 신체를 동원해 건축을 따라 이리저리 몇 번씩 움직여봐야만 이해할 수 있는 중세적 도시 조건 속에서, 문어는 길을 향해 계속해서 이리저리 발을 뻗어 더듬어보아야 한다. "몸이 도구가 되어 진행한 설계"는 프로젝트 전 과정을 관통하는 건축가의 태도이자 역할 혹은 유용한 방법론으로 보이는데, 서울대병원 암연구소와 넥슨어린이통합케어센터 연결을 위해 설계변경을 수반하는 협의 과정에서는 집요하게 건축이 도시성을 획득하고자 하는 의지를 재확인할 수 있다. 유형화하기 어려울 정도로 매번 조건이 다른 상황에서, 건축가 역시 주어진 조건에 대응하는 적확한 역할, 방법론을 찾고 갱신하기를 주저하지 않음으로써 늘 역사의 현재성에 머물고자 하는 근면성으로 이해된다.

건축의 역사성을 논하고 싶지만 씁쓸하게도 건축은 역사가 쌓이기에 너무나도 수명이 짧다. 특히나 한국에서는 말이다. 기존 원남교당 건축물이 신축을 위해 사라진 것만 해도 그렇다. 대신 새로 만들어진 건축은 길에 쌓인 역사를 계승함으로써 도시의 역사가 연속적으로 진화하는 과정의 한 장면으로 자리매김한다. 소위 건물이 자리잡은 장소의 도시성을 완성시켜 고양시키는 결과에 이르렀다. 이로 인해 건축 자체는 도시와 함께 존재하면서 훨씬 더 광범위한 생명을 얻어냈고 건축의 역사성을 넘어 도시의 역사성에 기여하는 프로젝트가 되었다.

이치훈

연세대학교 건축공학과와 동 대학원에서 공부했으며 2011년에 강예린과 함께 SoA를 설립하여 도시와 건축의 사회적인 조건에 대한 분석을 통해 다양한 스케일의 구축환경에 관한 작업을 진행하고 있다. 관습을 뛰어 넘는 작업으로 현대적 삶에 기여하는 건축의 새로운 가능성을 믿고 추구한다. 건축과 도시계획이 장소의 정체성을 형성한다는 점에서 건축의 공공성에 대한 믿음을 바탕으로 사회적 기술로서의 도시계획, 산업 구조의 일부인 재료와 기술로서의 건축 등을 진지하게 탐구하고 건축 내외부의 장르와 다양한 협업을 진행한다.

수상자의 글

원불교 원남교당의 이질성과 공동성

조민석

맥락 변주

건축의 맥락은 관계된 '땅'의 성질이나 지형, 기후, 식생 등 자연적 조건들이 우선되며, 여기에 정치와 경제 등 포괄적 의미의 문화적 조건이 더해진다. 그리고 두 가지 조건은 시간을 매개로 변화한다. 문화적 조건을 두 변수 체계, 즉 '밀도'와 '활성화' 정도(또는 건설 행위의 활발함)라는 두 개의 축을 지닌 함수관계로 규정해 본다면, 밀도의 정도는 비도시와 도시 사이, 활성화 정도는 정체와 성장 사이의 다양한 경제 상황과 연관된다.

과거 건축 담론에서 '맥락'이란 유럽 같은, 적어도 서울보다는 밀도나 활성화 정도가 낮은 곳에서 일종의 이상화된 가치로 논의되었다. 그러나 서울의 도시 '맥락'은 이러한 담론과 상관없이 20세기 후반 고밀도 도시화가 국가 주도의 경제 성장과 짝을 이루어 급속히 구축되었다. 밀도와 활성화의 관계가 일차함수로 이해되던 지난 세기 후반까지, 한국의 도시 맥락은 '고밀도 도시화=고도의 경제 성장'이라는 국가적 서사의 거대한 물리적 발현이었던 것이다.

그러다가 처음으로 '마이너스' 경제 성장을 겪은 1997년 외환위기는, 이 함수가 갑자기 다방향으로 분산, 와해되는 지점이 된다. 이후 저출생, 인구 감소, 디지털 환경에 의해 촉발된 산업변화, 탈집중화, 양극화, 비도시지역으로의 엑소더스, 자유주의화와 이로부터 귀결된 문화적 변화, 워라벨 추구 등 일련의 급격한 사회적 변화들이 자동차 연쇄 추돌처럼 꼬리를 문다. 그 결과 21세기 한국의 도시 맥락은 고차함수로도 이해하기 힘들 만큼 복잡해졌다. 같은 도시 안에서도 활성의 정도가 양극화되어 밀도의 정점에서 사그라드는 도시가 있는가 하면 가열차게 건설되는 도시가 있고, 유난히 활발한 비도시지역과 활성을 잃은 비도시지역이 동시에 존재하기도 한다. 그리고 이 시기부터, 같은 언어를 쓰며 몇 시간 안으로 모든 곳에 갈 수 있었던 한 국가, 아니 한 도시 내에서도 다양한 시대와 문화권의 공존이 요지경처럼 증폭된다. 동네 보양탕 식당이 어느 날 애완견 미용실로 둔갑한다거나, 고속도로변 두리안 판매 트럭이 눈에 띄는 대도시 외곽은 늘어난 이주민들로 외국보다 더 이국적인 풍경을 연출하고, 대도시에는 자본 잠식의 과정으로 파생된 '불쾌하게 익숙한' 대규모 공간들이 활발하게 펼쳐지는 것처럼 말이다. 21세기 도시 맥락에서 서울은 지척에 있는 안산보다 상하이와 더 동질적이다.

귀환

2003년 매스스터디스는 이런 변화의 초기에 첫걸음을 내디뎠다. 사무실 이름의 첫 단어 '매스'로부터 추측되는 과한 야심, 이를테면 20세기 모던과 세기 말/초의 '이후'를 서구에서 학습하고 제법 깊이 관여하던 한 풋내기 건축가가 새로운 시작을 위해 과거 거대 서사의 진앙지로부터 절연하고자 외진 곳으로 귀환해 무언가 이루어 보겠다는 의지라기에는 사실, 전혀 계획한 이주가 아니었다. 그러나 우발적이라고 할 수만은 없는, 2001년 9월 11일로 상징되는 전환점의 전 지구적 척도에서 개인적 척도로의 연쇄 반응들로 귀결된, 준 난민 같은 이주였다.

정작 돌아온 곳은, 태어나고 자라 떠났던 직후인 1989년의 (베를린 장벽 붕괴라는) 전 지구적 사건부터 1997년의 국가적 사건을 총알처럼 관통해 무척 변해 있었다. 나는 20세기라는 거대한 난파선에서 쓸려오듯 외진 섬으로 귀환한 후, 생존을 위해 익숙하면서도 낯선 섬을 알아가느라 분주한 가운데, 밀물과 함께 끊임없이 쓸려 들어오는 난파선의 잔해들과 지속적으로 조우해야 했다. 전 지구화된 자본주의를 도구로 지난 세기 서구에서 고안된 원본이 다채롭게 변질된 채 거대하게 물화된 도시 공간, 그리고 디지털 천지개벽으로 개개인 뇌인지 구조의 영속적 '업그레이드'를 댓가로 삼은 새로운 지식 생산과 분배 방식은 전방위적이고도 다층적이며 기기묘묘했다. 이러한 경험을 통해 더 이상 옛 의미의 '귀환'이 가능하지 않은 시기라는 것과 장소에 근거한 '맥락'의 개념적 전환이 시작되었음을 감지할 수 있었다.

이처럼 돌아온 곳은 낯설고 떠났던 곳은 지속적으로 배달되는, '귀환 같지 않은 귀환'의 적응 과정에서 어떤 파편은 이곳의 특정 맥락에 적절히 재구성해 활용할 수 있겠다고 생각했다. 마치 생성태의 평행우주처럼 색다른 에너지로 전개되어 온 이곳의 맥락과 이를 바탕으로 한 새로운 서사를 위해, 지난 세기 외부의 소수가 구축한 거대 서사 안에서 폐기된 어떤 것들은 쓰임새가 있지 않을까 하는 생각. 그러나 이는 특정 상황마다 신중한 판단이 요구되는 일이었다. 물리적 거리를 두었는데도 과거를 지배했던 사고 체계와 절연할 수 없다면, 과거의 유효한 것들에 또 다른 기회를 주고(모던인지 포스트 모던식 사고의 잔해인지 따지는 일은 보류하고) 재검증하며 새로운 사고로 확장, 전개시키는 섬세한 교량 같은 역할을 상상했다.

나는 거창한 선언과 함께 또 다른 혁명을 반복하기보다 지천을 누비며 평생 누더기 조각보 같은 지도 하나를 만들던 옛 지도 제작자처럼, 긴 시간 구체적으로 수행한 흔적을 통해 무언가 드러나게 된다면 드러날 테지 하는 마음으로 작업을 시작했다. 이러한 태도의 배경에는 통찰력과 숭고함으로 압도하는 언술이 앞섰지만, 이 숭고함에 비례한 실망으로 급속히 초라해진, 앞선 몇몇 영웅들의 그늘도 하나의 요인이 되었을 것이다.

체계성과 이질성

'체계적 이질성(systematic heterogeneity)' 혹은 '이질적 체계성'을 연구해 보겠다고 시작한 개업 첫 해를 돌아보면, 예닐곱 명 규모의 사무실이 파주 헤이리의 〈픽셀하우스〉와 청담동의 〈어긋난 매트릭스〉를 동시에 진행하고 있었다. 두 작업은 모두 주거 환경을 다룬다. 전자는 부모가 교사이지만 제도권 교육을 신뢰하지 않아 어린 두 자녀를 홈스쿨링으로 양육하겠다는 특별한 결의를 한 가족의 28평 터전이었고, 다른 하나는 불특정 다수, 그러나 청담동으로 상징되는 구매자 유형을 대상으로 한 3,400평의 유사 주거, 오피스텔을 구상하는 일이었다. 전자는 '헤이리 아트밸리'라는 생소한 이름의 야심찬 타불라 라사(tabula rasa)에서 문화를 매개로 한 새로운 공동체의 일부가 되어 함께 유토피아를 생성할 거라는 충만한 기대 속에 이루어졌다. 이미 포화 상태인 도시 맥락 속의 후자는 강남에서도 유행에 가장 민감한 지역에서 건축화된 차별성이 냉혹하게 상품가치로 판단받는 조건 속에서 이루어졌다.

픽셀 하우스, 2003 ⓒ김용관

어긋난 매트릭스: 네이처 포엠, 2005 ⓒ김용관

두 개의 사회문화적 맥락에서 펼쳐진 작업 중 전자는 '이질성'에서, 후자는 '체계성'에서 시작된 작업이라고 할 수 있다. 그러나 20세기 거대 담론이 와해된 한국에서 다방향으로 파생된 작업에 주어진 맥락들 중, 하등의 관계가 없어 보이는 두 지엽적인 맥락을 당시 우리가 동시에 수행한 것은 우연이 아니었다. 언젠가 이 두 작업이 하나의 의도로 연결되어 성좌를 이룰 바둑판의 두 포석이 되길 바랐고, 수많은 수행을 통한 검증과 방향 수정이 예측되는 일이었다.

지난 20여 년간 급변하는 한국에서 호기심에 끌려 촉발되는 다양한 맥락들에 지속적으로 개입해 왔다. 체계와 이질성의 양극, 그리고 이 둘 사이 '논바이너리'(non-binary)의 시공간 속, 다채로운 강도와 속도로 '움직이는 과녁'처럼 파생되는 맥락들 속에서 주어진 기회 하나하나를 단순하게 일반화할 수 없는 조건들로 섬세하게 들여다보려 했다. 그리고 전 지구적 차원에서 문화적으로 '운동장의 기울기가 점점 평평해져 온' 세상에서, 속절없이 순수성과 고유성을 주장하기보다는 다채로운 맥락들이 충돌하며 전개될 다차원적 공간에서 새로운 방식의 건축을 통해 의미를 생성시켜 보고자 했다.

건축가의 죽음

첫 해 대척점으로 시작된 두 작업 이후의 수행 과정에서 일관된 작동

방식은, 상이한 맥락들의 스펙트럼 속 어느 지점에서 드러나는 어떤 종류의 '보완'을 위해 유연하게 대응하는 건축적 전략과 이에 봉사하는 건축가 역할의 변주였다. 이 변주를 위한 유연함을, 롤랑 바르트(Roland Barthes)의 『저자의 죽음』(1967) 문장을 '건축가의 죽음'으로 치환해 설명해 본다.

"비교적 최근의 특정 지역, 즉 근대 서구의 개인을 중요시하는 사고의 산물로 추앙받던 창조자로서의 '건축가'(원문은 저자)가 아닌, 서구 외부 사회(한국을 포함한)에서의 서사가 전통적으로 한 사람에 의해서 만들어지는 것이 아니듯 건축가는 일종의 샤먼 같은 매개자로서의 수행을 통해 다른 방식으로 서사적 코드가 만들어지는 것이다." 또한 "마술적으로 무에서 무언가를 창조하는 것이 아닌 다양한 영향들을 조합하는 것이며, 작가라기보다는 대필가로서 열정, 감정, 인상을 배제하고 기호들로 조직된 거대한 백과사전으로부터 끊임없이 글을 쓰는 것이다."라고.

'건축가의 죽음'에 관한 태도를 부연하자면, 2014년 〈매스스터디스 건축하기 전/후〉라는 첫 12년의 작업을 개관하는 전시를 통해 드러낸 바가 있다. 건축은 창조자인 건축가에 의해 '시작되고', 최종적으로 건축가에 의해 '명사'로서 의미가 규정되며 '끝난다'는 신화의 대안을 드러내려고 했다. 설계 과정에서의 건축가/의뢰인, 이를 넘어선 설계 과정의 전후, 생성의 모든 단계들 사이 '전과 후'가 명사가 아닌 '동사', 수행들로 영속적으로 연쇄되는 과정을 보여주고 싶었다. 또한 무수한 수행 주체들의 행위는 재귀적으로 피드백되면서, 주체와 객체가 고정되어 있지 않은 열린 서사의 공간이 '건축하기'라는 생각을, 전시를 통해 제시하고 싶었다.

PLATEAU 삼성미술관 전시
〈매스스터디스 건축하기 전/후〉, 2014 ©신경섭

체계성

아파트 거주 인구가 전체 인구의 2/3에 달하는 한국의 도시 건축 맥락 속 비극은 역설적이게도 가장 반도시적인 도시 맥락을 구축했다는 것이며, 이는 무한 반복이 가능한 '체계'를 도구로 삼았다. 이런 가운데 대안으로 수정된 다른 체계의 힘을 통해 사회성을 촉발하는, 이질적이고 다양한 공간을 구현하기 위해 2003년 '어긋난 매트릭스'로 시작한 매스스터디스의 작업에서 하나의 큰 맥락을 이룬 게 바로 '매트릭스 스터디스(Matrix Studies)'이다. 단위 공간이 반복되는 주거와 업무 공간에 관한 이 탐구는 도시와 비도시지역에서 함께 이루어졌다. 이들은 콜렉티브 폼(collective form)과 메가폼(megaform), 그리고 둘 사이 어느 지점의 결과물로 귀결된다. 역사 비평가 케네스 프램톤(Kenneth Frampton)이 메가폼(megaform, collective form 역시 포함될 수 있을 것이다)을 통해 언급한, 더 이상 지난 모더니즘의 세기처럼 건축가의 '도시적' 개입이 어려워진 후기 자본주의 시기에 비교적 큰 규모의 단일 건축물을 기회로 이뤄보려는 도

Megaform으로서의 단일 건물
대전대학교 기숙사, 2018 ©신경섭

시적 시도와 맥락을 같이 한다. 21세기 한국은 전 지구화된 증상들을 함께 겪고 있기에 더욱 그렇다.

　이 연구는 공간 체계의 확장적 변주이기도 해서, 한 적층 공간조직 프로토타입이 다른 맥락에서 변주, 진화하기도 한다. 각각의 탐구에서 귀결되는 건물을 넘어선 프로토타입으로, 저자가 확장되어 타인들에 의해서도 변주, 진화할 수 있는 건축 지식 체계가 될 것이라는 기대와 희망을 안고 작업을 지속해왔다. 작업의 궤적에서 주목할 만한 것은 체계를 통한 탐구가 강남 평지 위주의 고밀도 불특정 다수를 위한 새로운 유형 탐구에서, 점차 〈대전대 기숙사〉 같은 구체적 공동체를 지향해왔다는 점이다. 순진하게 상상하며 그린 21세기의 도시성을 가진 건축을 통해 이루고자 했던, 공동체에 관한 실망스러움이 더 특정적이고 이질적인 조건으로 향하게 된 요인이다.

이질성

체계성과 대척점을 이루는 이질성이 전제된 일련의 프로젝트들은, 대부분 전자에 비해 작은 규모이며 주어진 기능과 전략, 접근 방식이 제각기 다양하다. 익명성의 공간으로 도시 장소성을 상실한 21세기 아파트 공화국의 반작용이 되어 노골성과 암묵성 사이 큰 폭의 기대 속에 다채롭게 펼쳐졌다. 건축은 전제하는 기능의 단순한 수행을 넘어, 함께 주어지는 맥락들에 내재된 특정 공간성, 시간성, 나아가 어떤 정신성을 통해 다양한 공동체들을 정교하고 의미 있게 연결하고, 새로운 맥락으로 전개시킬 수 있다고 기대하기 때문이다. '이질성'의 전제들을 다음 다섯 가지 범주로 분류해 본다.

상하이 엑스포 2010: 한국관, 2010 ©신경섭

제14회 베니스 비엔날레 한국관 전시 〈한반도 오감도〉, 2014 ©신경섭

　1. 삶과 일
　소규모 단독 주택으로 분류되는 작업들이다. 주거로서의 독립성이 전제이지만, 의뢰인들의 특성상 주거 기능 이상으로 확장된 사회적 기능이 부가되는 경우가 대다수이다. 이 경우 매트릭스 스터디스의 기능, '주거와 업무'보다 더 생생하고 구체적이기에 '삶과 일'을 위한 이질성의 범주로 분류한다.

　2. 국가
　노골적으로 주어진 집단 정체성에 관한 건축적 표현의 요구에 과감하게 개입한 예로는, 건축으로 한 국가의 정체성을 드러내야 했던 2010년 〈상하이 엑스포 한국관〉이 한 예이다. 20세기 신화에서 진화한 국가에 관한 21세기의 새로운 태도가 요구되는 큰 도전이었다. 그리고 이 탐구는 수년 후 2014 베니스 비엔날레 한국관 전시 기획인 〈한반도 오감도〉에서 한반도 영역으로 확장 전개되기도 했다.

3. 자연 / 생태
많은 경우, 자연환경, 생태계가 만드는 장소성과 이를 통해 촉발된 산업, 즉 농업이나 관광업 등이 전제되어 촉발된다. 기존 맥락이 이미 빼어나기 때문에 대부분의 경우 건축(가)은 조력자의 역할로 조심스러워질 수밖에 없다.

4. 역사적 건축 / 도시 공간
건축은 건축물 자체가 목적이 아니고 무엇을 위한 대리인(agent)의 역할로 시작하지만, 이 드문 경우는 도시 공간, 건축물 또는 건축가의 역사적 중요성이 전제되어 전개된다.

5. 문화 생태계
문화 생태계가 담길 장소에 관한 열망이 촉발시킨 일련의 작업으로, 특정 문화 공동체가 새로운 곳에 이주해 출발하는 경우와 역사를 가지고 한 지역에 뿌리 내린 문화 생태계를 기반으로 하는 작업, 두 종류가 있다. 종교를 넓은 의미의 문화 생태계로 본다면, 〈원불교 원남교당〉은 후자의 한 예가 된다.

자연 환경에 의해 촉발된 이질성의 예
제주 한남다원 녹차 공장, 2023 ⓒ김용관

주한프랑스대사관 신축 및 리노베이션
(공동 설계: SATHY, Paris), 2023 ⓒ김용관

원불교 원남교당

맥락
2018년 현상설계 초청으로 알게 된 원불교 원남교당은 이제까지 다루었던 체계성과 이질성 사이에서 극단적 이질성으로 충만한 도시 문맥이다. 동시에 매스스터디스가 수행해온 다양한 관심사의 궤적들이 풍족하게 수렴된 곳이다.

부지 서측으로는 창경궁과 종묘, 북측으로는 서울대 의대 캠퍼스와 접하고, 동측에는 대학로, 남측에는 청계천이 위치한, 다층적 역사가 공존하고 있다. 이는 유럽 옛 도시 문맥을 표현할 때 쓰는 '팔림프세스트(palimpsest)'가 떠오르지만, 차라리 이 단어가 낭만적으로 들릴 정도다. 실제로 걸어 들어가 보면, 켜가 드러난다기보다 규모와 밀도의 수직적 대조가 마치 초현실주의자들의 놀이인 '우아한 시체(exquisite corpse)' 같다는 게 첫 인상이었다. 옛 서울 사대문 안 도시 맥락은 조선시대부터 20세기의 골목길 주거, 21세기 둔중한 타워들까지 모든 시간대가 존재하지만, 원남교당 부지는 저층 골목길 옛 도시의 밀도와 14층 대로변 타워들의 밀도가 공존하며, 주변 건설 행위는 그다지 활발하지도, 그렇다고 전혀 없지도 않은 변화와 정체 사이에 자리해 있다. 과격한 병치의 맥락 속엔, 이질적인 도시 조직, 스케일, 유형, 재료, 백과사전 같은 유행 요소들이 웅장한 불협화음을 이루며 각개전투하듯 공존한다. 사실 아파트 단지를 제외하

옛 원불교 원남교당, 2018 ⓒ매스스터디스

옛 원남교당 대지 항공사진(1969년)

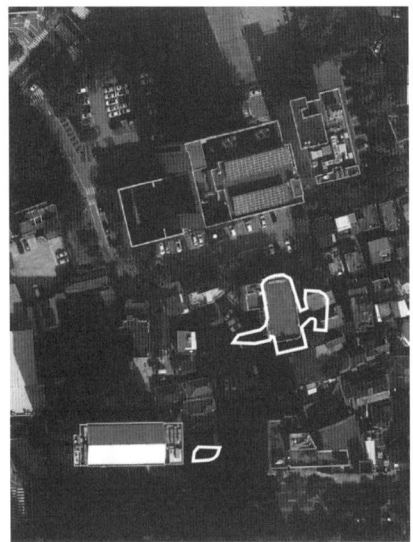

신축 원남교당 대지 항공사진(2022년)

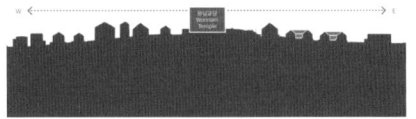

옛 원남교당 대지 동서 횡단면도(1969년)

신축 원남교당 대지 동서 횡단면도(2022년)

면 균질한 도시 문맥보다 이런 문맥이 더 일반적이라 할 수 있을 것이다.

작업 초기, 영속적 성장에 관한 희망이 아직 남아있던 20년 전만 해도 이런 문맥은 언젠가 다 갈아엎어져 새로운 고밀도 도시의 형태로 수렴될 과도기적 상황으로 보았다. 그러나 그동안 서울의 인구는 10% 줄었고, 도시 활성화가 점차 감소되면서 낙관하던 완성체로는 향하지 않겠다는 생각이 들었다. 비관보다는 새로운 종류의 비판적 낙관으로 긍정해야 할 생생한 현실 속 맥락을 도시 집합체 한복판에서 대응하며, 세 개의 부지 속 네 개의 건물을 통해 또 다른 집합체를 만들어야 하는 것은 큰 도전이었다.

서사

특정 장소의 맥락은 건축이 개입함으로써 특정 방식으로 조명되어 전개될, 잠재태(潛在態)의 공간적 서사라 할 수 있다. 그러나 이런 종류의 도시 맥락을 통찰할 체계적 지식은 담론을 주도해 온 서구에는 부재하고 적절하게 서술된 것도 드물다. 이곳의 건축가들은 체계적 이론이 불가능해 보이는 이러한 문맥들 속에서 건축 행위를 통해 엄청난 경험을 축적하고 있지만 말이다.

전 지구적으로 각광 받는 K-영화/드라마/뮤직비디오 등에서 이러한 이질성의 도시 공간을 난해한 서사를 위한 도구로서의 배경, 또는 미학적으로 보기 시작한 지 제법 되었다는 점은 흥미롭다. 그러나 건축은 대중문화와 달리 맥락의 과장적, 극적 독해에서 야기될 과도 단순화를 통해 대상화된 서사를 만들 목적은 아니기에, 또한 건축은 공동 서사로부터 뿌리를 내린다고 여기기에, 혼돈 속 제스처의 건물로 뭔가를 '표현'하고자 하는 시도들은 부질없어 보인다.

건축에서 비평적 반대 입장으로 이러한 문맥에 대응하는 방식의 경전을 꼽자면, 도시 맥락의 불협화음 데시벨이 비교는 안 되지만, 1976년 안도 타다오를 세상에 알린 오사카의 〈스미요시 주택(Azuma House)〉일 것이다. 혼돈과 위험의 외부를 향해 침묵과 우아한 거절의 서사로 '저항'하며 내부만을 지향하는 방식은, 그의 영향력만큼이나 이후 오랜 기간 적절한 대화법으로 한국에서도 증식되었다. 그리고 반세기가 지난 이 방식은 공식화되어 청담동 명품 거리의 서사(또는 기호)로 지속된다. 이제 저항의 몸짓과는 거리가 멀지만.

직관적인 미학화도, 거부의 서사도 아닌 대안적인 무언가에 관한 희망의 바탕은 비판적 긍정이라 생각하며, 통제된 그럴싸한 풍경보다 특정 방식으로 정의되기를 기다리는 혼돈을 새로운 서사의 장으로 삼았다. 여기서 대안적인 태도를 통한 또 다른 건축적 가능성은 다음에 언급할 이 종교 공동체가 가진 세상과 이웃을 향한 건물의 용도, 이용 면에서의 태도와도 맞물린다.

용도

원불교는 한국에서 1916년 시작된 토착 현대 종교로, '원'을 세상의 원리이자 상징으로 삼고 명상을 통한 개인 수련을 하며 세상과 가까워지고자 해서 '생활 종교'라고 부른다. 신자 수 10만 명 정도의 작은 종교이며, 원남교당은 이 지역 가까이 거주하는 250명 정도의 신자들로 구성된다.

1969년 지어졌던 기존의 법당 자리에 '종교관'을 신축하며, 외부 중심 공간인 2층 마당 남측에는 온지음 집공방에서 설계한 공덕주 기념 공간 '인혜원'이 함께 한다. 종교관을 중심으로 동측 부지에는 작은 5층 건물로 상주 성직자 및 템플 스테이를 위한 숙소 '훈련관'이 어린이 법당, 놀이 공간과 함께한다. 또 남서측으로 율곡로에 면해 눈에 띄고 접근이 쉬운 작은 부지에는 명상학교 본부 '경원재'가 사랑방처럼 이용된다. 붙어 있고 떨어져 있는 세 개의 부지, 네 개의 건물이 각기 특징적인 용도로 구성되는 형태다.

서두 말미에 이 작업을 포괄적 문화 생태계의 일부로서 종교가 매개한 장소성에서 촉발된 이질성의 범주로 분류했다. 그러나 동시에, 설계와 공사 과정에서 그리고 입주 후 사용하는 방식을 엿볼수록, 한 공동체를 위한 '집'이라는 것이 선명해졌다. 훈련관에 성직자 세 분이 거주해서 그렇기도 하지만, 그보다 집에서 일어날 수 있는 통합적인 '삶과 일'을 위한 사회적 환경이 그렇다. 즉 250명의 한 가족 구성원들이 통제 없이 남을 배려하며 내 집처럼 자유롭게 다양한 장소에서 다양한 방식으로 삶을 구성하는, 활발하고 다양한 척도의 개인과 집단 활동 모습을 입주 후 지속적으로 볼 수 있었던 것이다. 이는 구성원들이 특별한 가치를 공유하는 적절한 규모의 공동체였다는 점에 기인한다.

작업 초기부터 이질성과 체계성에서 출발한 두 가지 양극화된 줄기─'삶과 일'(또는 주거와 업무)을 위한 공간 공동체의 가능성 탐구 중, 도시에서는 대부분 체계성이 시도되었다. 그러나 시도했던 것만큼 이용 결과가 나타나지 않아 실망하며 방향을 수정했는데, 도시 공동체 시도에 관한 좌절 속에서 뜻밖에 종교 시설을 통해 희망을 갖게 된 것이다. 나아가 이곳은 외부 이웃과 교류하려는 의지가 강해, 밤 시간을 제외하고는 항상 개방된다. 외부인도 모든 공간을 편안하게 둘러볼 수 있어 지극히 '공적인 집'이다. 다음에 설명할, 건축 과제를 넘어서 가졌던 도시적 생각과 수행은 결과적으로 이 공동체의 열린 태도를 잘 지원하게 된다.

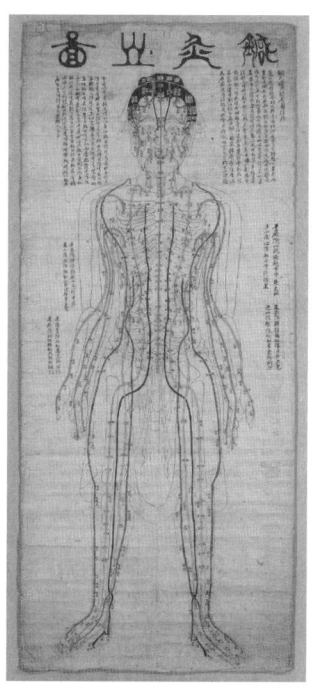

침이나 뜸을 뜨는 위치를 그린 그림
출처: 국립중앙박물관

순환(성)

조선시대 침술을 위한 몸의 혈 지도와 옛 서울의 지도를 살펴보면, 대상을 섬세한 흐름으로 표현하고 이해하는 공통점을 찾을 수 있다. 630년 전 서울의 시작이, 도시 또한 인간의 몸처럼 연속적 순환 체계

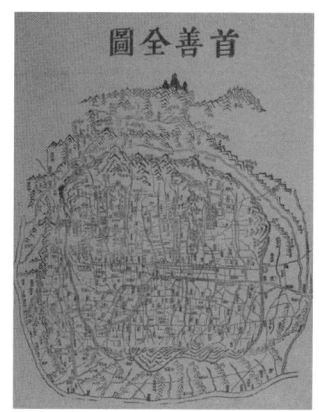

조선후기 지리학자 김정호가 1825년경 제작한 것으로 추정되는 서울의 지도
출처: 수선전도─한국민족문화대백과사전

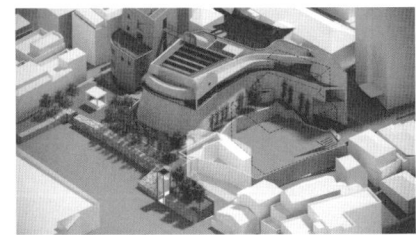
변경 전 설계안

변경 후 설계안

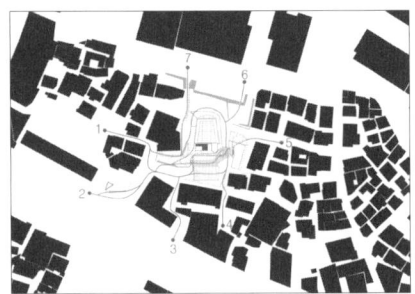
일곱 개의 골목길 동선

를 가진 유기체로 이해했기에 그렇다. 근대기 어느 시점부터 이 유기체에 무한 성장을 위한 기계적 도시가 이식된다. 이 도시 맥락에서는 1931년 일제 강점기 북한산으로부터 창경궁, 종묘로 흐르는 주맥을 끊기 위해 만들었다는 율곡로가 기점일 것이다.

또 한 가지는 이 종교를 상징하며 세상을 설명하는 원리로 삼는 '원'의 순환성이다. 설계 초기 원불교에 관해 막연히 알고 있을 때 '순환성(circularity)', '순환 경제' 등 지구의 유한함에 관한 자각들을 떠올리며, '원'을 화두로 한 이 종교의 사상은 100년이 지난 지금 외부에서 함께 공명한다는 생각이 들었다. 그래서 인간 중심의 사고 체계에서 전환해, 지구를 걱정해야 하는 긴박한 시대에 적절한 종교라는 생각도 들었다.

첫 방문 시, 14층 타워들이 줄을 선 대로변에 이전엔 연속성을 가진 자연 지형, 구릉지였다는 것을 표식하듯 훗날 경원재가 될 축대 위 1층 주택이 면한 작은 땅 덩어리가 남아있는 것을 보았다. 이 경사진 땅 조각은 대로변 타워 사이 후면의 골목길 도시 조직으로의 보차 접근을 간신히 허용하면서, 이곳의 시작은 굴곡 있는 자연 지형이었음을 가까스로 생존해 증언하는 듯 보였다. 그리고 언덕에 올라 구 법당 내부에 들어가니 양측에 커튼으로 가려진 창문들이 있었다. 왜 이렇게 창문이 많을까 했는데, 나중에 옛 항공 사진을 보고 구 법당이 낮은 한옥마을로 둘러싸인 언덕의 정상에 있었음을 알게 되었다. 당시에는 양측 창문으로 경사지 한옥마을이 펼쳐졌을 것이고, 서측으로는 창경궁도 보였을 것이다. 지금의 변화된 맥락에서는 상상이 안 가 시간이 걸렸지만 왜 이곳에 법당이 지어졌는지, 지니어스 로시(genius loci)가 간신히 독해되는 순간이었다.

구 법당은 남서측 코너에서만 접근이 가능했다. 주변 다른 골목길과도 면해 있었지만 막다른 축대나 담장으로 막혀 있었는데, 이 단절을 침술에서 말하는 '막힌 혈'이라 생각했다. 그리고 원의 순환성, 끊김 없음을 추구하는 것이 건축을 넘어선 도시 사회적 맥락에서의 수행이라는 점을 교당에서도 공감해 주어, 주변 막다른 공간들을 건물 사이 죽은 공간과 함께 없애는 것이 공동의 큰 목표가 되었다.

이 '도시 침술'의 과정에서 가장 극적이었던 사건이 있다. 공사 후반기에 주차 건물을 지으려던 서측 땅 주인이 어린이 암병동으로 바뀌면서, 이 시설이 북측 서울대 의대 캠퍼스와 연결되도록 공사를 중단하고 급히 설계안을 고쳐 법당 땅을 일부 내어주어 길로 만든 것이다. 이 길은 2024년 봄 완공을 앞두고 있는데, 결과적으로 일곱 방향에서 접근이 가능해 법당 주변을 막힘없이 순환할 수 있도록 한 이 도시 사회적 실험은, 건축가 혼자서는 엄두를 낼 수 없는 일이었다. 교당 공동체 일원들, 인접 이웃들과의 수많은 대화를 통해 가능했다. 사실 첫 종교 공동체를 위한 작업이었기에 과연 이러한 시도가 가능한지 궁금해서 시작된 부분도 있다.

순환되는 골목길은 건물 내외부를 교차하며 입체적으로 상승, 확장되어 건축적 프롬나드가 된다. '여래길'이라 불리는 이 여정에는 몇몇 인상적인 공간과의 조우가 기다린다. 이를테면 종교관 최상부의 창경궁 조망이 가능한 기도실도 그중 하나다. 동시에 일상에서 친근하게 접하던 360도 사방의 주변 공간을 건물 상부에서 새롭게 바라볼 수 있다. 이 길은 종교관과 훈련관 상부 템플 스테이 공간과 다리로 연결되며, 전체 단지에서 가장 높은 훈련관 옥상에 도달해 인왕산을 배경으로 창경궁, 창덕궁과 함께 모든 시대의 도시 요소를 한눈에 조망할 수 있는 지점이 된다.

상징

다양한 규모의 특정 집단이 공동체로 구별되며, 건축을 통해 '자신답다'고 느끼도록 정체성을 고양시키려는 의도는 이전 작업에서도 다양한 방식으로 탐구되어 왔다. 종교 공동체인 이 경우에는 특히, 시작부터 상징으로서 다차원적인 '원'의 탐구가 명백한 과제였다.

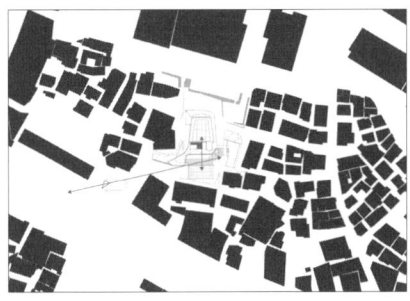

외부 영적 환경, 마당

가장 상징성을 지닌 공간은 종교관 2층 인혜원과 대각전이 시작된 옛 지니어스 로시, 즉 산등성이의 남과 북에서 정확하게 대칭을 이루며 마당을 사이에 두고 축을 형성하는 공간이다. 종교관 주변 일곱 개의 다리를 가진 구성이 연체동물처럼 끊임없이 조절된 과정과 비교할 때, 이 중심의 척추와도 같은 공간은 설계와 공사 과정에서 한 번의 흐트러짐도 없었다. 이는 주변부가 '생활의 공간'으로 열려 있고자 하는 외부 도시적 전략이었다면, 중심부는 정신 수양을 위한 종교 시설로서 요구되는, 주변 맥락과 적절히 차단되어 '수행의 공간'이 되기 위한 내부 건축적 전략이었고, 이 두 가지가 과정 속에서 긴장감을 갖고 공존했기 때문이다.

외부 영적 환경, 마당 ©매스스터디스

마당은 항상 엄숙한 것만은 아니어서 따뜻한 계절엔 다양한 모임 장소로 이용된다. 마당을 사이에 둔 대각전, 인혜원 두 건물은 마주 보며 강력한 관계를 형성하지만, 개폐가 가능해 마당의 활동을 내부로 확장하기도 한다. 또한 마당 동측에 훈련관이 면하고, 떨어진 서측의 경원재 원상의 후면과도 시선으로 관계를 맺음으로써, 완전히 폐쇄적이지 않으면서 적절한 위요감(圍繞感)을 준다.

가장 중요한 상징인 대각전의 원상은 물질성을 공간성으로 초월하려는 듯 느껴지도록 시도했다. 전면의 '원상 공간'은 높이 9m, 두께 18mm, 세장비 1:500으로 두께를 최소화해, 종잇장같이 느껴지는 백색 도장 철판에 지름 7.4m의 거대한 원형 개구부로 이루어진다. 거대한 원이 담아내는 것은 평면적 이미지가 아니고 후면에 기울어진 곡면 구조벽이 담아내는 공간이다. 이 공간은 천창이 있어 한순간도 고정태로 존재하지 않는다. 빛과 그림자로 인해 시시각각 변화하는 정중동(靜中動)의 공간이다. 또한 이 전면 공간은 항상 상부 자연광이 아래로 강하게 투광되는 느낌인데, 사실은 공간의 형태가 타

대각전과 원상 ©매스스터디스

옛 원남교당 철거 전 은행나무(2018년 12월)
©매스스터디스

은행나무 콘크리트 화분 공사(2021년 6월)
©매스스터디스

공사 중 은행나무(2022년 6월) ©매스스터디스

첫 법회(2022년 10월) ©매스스터디스

원뿔이어서 착각을 일으키는 것이며 양측의 기울어진 벽 쪽에 가서 보면 이를 깨닫게 된다. 원상 후면, 하부 1층의 영모실은 14m에 달하는 높이로 극적인 수직의 공간이 빛이 시작되는 하늘을 향한다.

자연

조경가 정영선 선생의 제안으로 앞마당 한구석에 옛 교당과 시작부터 함께 해 온 아름드리 은행나무 한 그루를 보존했다. 일곱 개의 골목길이 공간적 연속성을 위한 수행이라면, 이와 더불어 한 장소에서 오랜 기간 함께해 온 생명체를 통해 '시간적 연속성'을 드러내는 수행이 될 거라 여기고 복잡한 공사를 진행했다. 이 땅의 주인이 인간만이 아니라 다양한 생물, 사물과 함께라는 자각의 발로이기도 했던 은행나무가, 공사하는 2년 동안 거친 환경을 이겨내고 잘 자라고 있어 다행스럽다.

결

원남교당은 영역 외부를 차단/구분시키는 척추와도 같은 내부 '수행의 공간' 축이 강력한 작용(Action) 방식이라면, 이질적인 요소들로 구성된 주변 도시 공간을 연체동물의 일곱 개 다리처럼 유연하게 연결시킨 '생활의 공간'은 무수한 반작용(Reaction)의 조작 방식으로 이루어져 있다. 이처럼 한 프로젝트 안에서 맥락과 대응하는 두 가지 대조적인 전략과 조작 방식이 공존했으며, 이에 따라 건축가의 역할도 다채롭게 요구되었다.

체계와 이질성 사이, 자연과 문화 조건들로 규정되며 성장과 정체, 도시와 비도시 사이에 새롭게 출현하는 맥락들에 적절히 대응하기 위해서는 유연하고 새로운 도시 건축적 사유와 태도가 요구된다. 또한 각 맥락이 도시 건축적 개입을 통해 특정한 방식으로 조명되고 새로운 에너지로 전개될 잠재된 공간 서사라 한다면, 이를 양육할 섬세하고 지속적인 관찰과 관여, 그리고 다수의 친밀한 피드백 과정이 요구된다.

원불교 원남교당 작업은 21세기 새로운 형태의 도시 건축 생산을 야기할 급변하는 맥락들과 의미 있는 다성적 관여를 위해 어쩌면 발명보다 발견의 노력이 더 중요할 수 있고, 작은 반작용들이 조합되어 크고 의미 있는 작용이 될 수도 있다는 것을 낙관한 경험이었다.

조민석

2003년 서울에서 건축사사무소 매스스터디스를 설립했다. 사회 문화 및 도시 연구를 통해 새로운 건축적 담론을 제시하는 그는, 대표작으로 픽셀 하우스, 실종된 매트릭스, 다발 매트릭스, 상하이 엑스포 2010: 한국관, 다음 스페이스닷원, 티스톤/이니스프리, 사우스케이프 클럽하우스, 돔–이노, 대전대학교 기숙사, 스페이스K 미술관, 페이스 갤러리 서울, 원불교 원남교당, 주한 프랑스 대사관 신축과 리모델링 등을 설계했다. 현재는 현상설계 당선작인 서울영화센터(몽타주 4:5), 당인리 문화발전소(당인리 포디움과 프롬나드), 양동구역 보행로 조성사업(소월숲)과 연희 공공주택 복합시설을 진행 중이다. 또한 2011년 광주 디자인 비엔날레 전시를 공동 기획했고, 2014년 베니스 비엔날레 한국관 커미셔너/큐레이터로 황금사자상을 수상했다. 2014년 삼성 플라토 미술관에서 개최한 〈매스스터디스 건축하기 전/후〉 개인전 등, 다수의 전시와 강의를 통해 활동하고 있다.

매스스터디스

대량생산 문화, 과밀화된 도시적 조건, 그리고 새롭게 등장하여 현대성을 규정하는 문화적 틈새의 맥락 속에서, 건축에 관한 비판적 탐구로써 설립되었다. 매스스터디스는 과거와 현재, 지역과 전체, 이상과 현실, 개인과 집단과 같은 21세기 공간적 조건들을 규정하는 수많은 마찰들 속에서 개별적이고 단일화된 시각이 아닌, 다중적인 상황에서의 효과적인 복합성에 초점을 둔다. 다양한 범위의 스케일을 넘나드는 각각의 건축적 프로젝트에 대해, 매스스터디스는 새로운 사회적, 문화적 가능성을 발견하게 하는 비전에 초점을 두고 공간체계/매트릭스, 건축재료/공법, 건물의 유형적 확산 등의 주제를 탐색한다.

크리틱 1

두터운 다이어그램

박정현

1
추상적으로 표현하면 건축을 담론적 구성물(discursive construction)로 이해한다는 뜻이다. 물론 전혀 다르게 사태를 이해하는 이들이 있다. 대표적으로, 소크라테스 이전까지 거슬러 올라가 시원에 다다르면 건축의 진정한 의미에 도달할 수 있다고 여기는 입장을 들 수 있을 것이다.

2
Michel Foucault, "The Discourse on Language" in *The Archaeology of Knowledge and The Discourse on Language* (New York: Pantheon Books, 1972), p. 222.

3
Aldo Rossi, *The Architecture of the City* (Cambridge MA: The MIT Press) p. 165; 알도 로시, 『도시의 건축』(동녘, 2003), 347쪽.

4
Rem Koolhaas, *Junkspace* (London: Notting Hill Editions, 2013), p. 18. 이 글은 October, vol. 100 (Spring, 2002)에 처음 수록되었다. 한국어판은 렘 콜하스, 『정크스페이스』(문학과지성사, 2020). 인용 부분은 27쪽이다.

'건축'에는 서로 다른 두 힘이 작용한다. 하나는 무엇이 건축 고유의 대상인지를 정하고 독자적인 원리와 방법을 구축하는 힘이다. 다른 하나는 용도나 규모, 자본 같은 조건부터 이데올로기, 미적 규범 같은 추상적인 관념까지 건축에 미치는 외부의 힘이다. 이 다른 방향의 두 힘이 만나서 흐릿하고 느슨하게 그려지는 경계가 건축의 내부와 외부를 잠정적으로 결정한다. 잊지 말아야 할 것은 내외부의 경계가 먼저 획정되어 있지 않다는 점이다. 내부를 다지는 힘과 외부에서 작용하는 힘이 만들어낸 유동적인 전선이 건축의 경계를 형성한다.[1]

건축은 언제나 이 둘 사이에서 벌어지는 밀고 당기는 싸움의 결과물이다. 이 경계선에서 일어나는 힘을 어떻게 해석하고 통제하는지에 따라 여러 입장과 방법이 도출된다. 기하학, 유형, 비례, 형식, 그리고 최근의 비참조 등 내부를 공고히 하려는 태도는 주로 형태(form)를 만들어내는 특유의 실행 방식에 주목한다. 푸코(Michel Foucault)가 특정한 담론 내부에서 담론을 통제하는 익명의 지식 체계라 부른 기율(discipline)[2]에 천착하는 태도다. 반대로 이데올로기, 프로그램, 그리고 무엇보다 자본 등 외부 변수가 가진 작용(agency)이 사실상 건축의 대부분을 결정한다고 여기는 입장이 있다. 외부적 조건을 강조하기에 형태나 기하학 등은 부차적이고 무용한 관념일 뿐이다. 알도 로시(Aldo Rossi)는 『도시의 건축』이탈리아 2판 서문에서 유형학을 따르는 자신의 목표가 건축을 자율성을 지닌 기율로 재설정하는 것이라고 밝혔다.[3] 반면, 렘 콜하스는 『정크 스페이스』에서 고전 기하학의 잔재가 오히려 큰 혼란을 낳았고 낡아빠진 저항의 거점일 뿐이라고 일축한다.[4] 알도 로시의 멜랑콜리와 렘 콜하스의 냉소는 특정한 입장을 강조한 수사이자 전략이다. 현실은 이 둘 사이에 펼쳐진 그레이스케일이지 흑백논리 가운데 하나로 좀처럼 환원되지 않는다. 유럽의 고도에 사라지지 않고 남은 흔적을 추적하는 이도 자본과 이데올로기에서 자유롭지 못하며, 쓰레기 같은 공간이 지천에 깔린 메트로폴리스를 유영하는 이도 기율을 전적으로 도외시하기는 불가능하다.

매스스터디스 역시 이 두 방향에서 작용하는 힘을 뚜렷하게 인식하고 있다. 조민석은 글과 말을 건물보다 앞세우는 건축가가 아니다. 그러나 비교적 일관되게 '체계적인 이질성' '이질적인 체계성'으로 자신들의 작업을 설명해왔다. 거칠게 정리하면, '이질성'은 건축에 작용하는 여러 외래 요인들을 총칭하는 것이고, '체계'는 이 외부적 요인들을 조절하고 통제해 완성된 건축으로 만들어내는 것을 일컫는다. 어느 한쪽만으로 건축이 생산되지 않는다는 것을 강조하듯이 표현은 형용사와 명사로 함께 묶여 있다. 그래도 굳이 두 단어의 무게를 달아본다면, 저울은 '이질성'으로 기울 것이다. 적어도 작업이 시작되도록 하는 출발점이 이질성 쪽에 있다. 세기 전환기 조민석은 이 이질적인 것을 전면에 배치하고 동시대성을 선보이면서 한국 건축계에 등장했다.

1990년대 한국 건축의 담론은 4.3그룹 가운데 일부의 비움, 없음, 빈자 등 '부정성'의 시학으로 재편되어 있었다. 김수근과 김중업의 사망, 문민정부의 출범, 사회주의 블록의 붕괴 등이 맞물린 시대에, 이들은 강남개발과 맞물린 포스트모던 상업주의와 군사정권이 강요한 국가 이데올로기에서 자유로운 건축의 독자성을 희망했다. 그들은 아이젠만의 구조주의적 형식주의나 헤이덕(John Hejduk)의 나인스퀘어 같은 '순수한 형식'에서 자율성을 찾는 길을 걷지 않았고, 인문학적 언어를 통해 부재하는 중심을 채우려 했다. 부정성을 통해 벼려진 개념어들은 당대 현실에 대한 엄정한 비판으로 작동했다. 때문에 서울은 예기치 못한 가능성을 담보하고 있는 이질성의 무대가 아니라 극복해야 할 혼돈이었다.[5] 이런 맥락에서 매스스터디스가 긍정하는 '이질성'은 이질적이었고 급진적으로 비쳤다. 정확히 같은 시기 렘 콜하스를 위시한 일군의 네덜란드 건축가들, SANAA 등은 외부 인자를 적극적으로 활용하는 흐름을 뚜렷하게 형성해가고 있었다. 건물에 필요한 실의 규모와 이들 사이에 설정된 관계가 무엇보다 중요해졌다. 미학적이고 기하학적 조절 또는 조작은 선험적인 형태나 건축가 개인의 의지를 따르는 것이기에 억제되어야 한다고 주장했다.

    매스스터디스의 작업이 선사한 충격은 이 이중의 맥락을 렌즈 삼아 증폭되었다. 그는 서울의 무질서에 맞서 침묵하는 콘크리트 벽을 세우거나 비움을 구축하지 않았고, 신도시의 백지 위에 섣불리 새로운 질서를 부여하려 하지 않았다. 그는 21세기 한국에서 건축 생산에 개입하는 여러 정치, 경제적 조건으로 체계를 구축하려 했다. 이질적인 것은 체계를 만들고, 체계는 이질적인 것을 드러낸다.

    예를 들자면, 〈부띠크 모나코〉와 〈다음 스페이스닷원〉은 서울 강남과 제주시 내 신시가지라는 서로 다른 장소에 대응한다. 초고가 오피스텔 부띠크모나코는 서울이 금융자본주의 시대에 접어들었음을 알리는 상징이다. 다른 한편, 망상조직처럼 보이는 하단부 위에

5
당대 현실과 도시에 대한 4.3그룹 일부의 태도는 서울건축학교의 지역 답사로도 이어진다.

제각각 다른 단위세대를 젠가 게임처럼 쌓은 부띠크모나코는 건축적인 체계의 재현이기도 하다. 오피스텔이라는 (법적) 용도, 부동산 가격이라는 측면에서 이전에는 존재하기 힘든 건물이다. 동시에 자본과 건축적 개념을 함께 재현한다는 일 역시 이전 세대 건축가들로서는 상상할 수 없었다. 다음 스페이스닷원은 참조해야 할 주변 맥락이 거의 없는 제주 산업단지 내에 위치해 있다. 때문에 체계 자체가 조작의 대상이 된다. 매스스터디스는 현대 건축의 기본적인 도식을 재구성한다. 수직 부재와 수평 바닥면을 엮어 만든 하나의 단위는 도미노 프레임의 재구축이면서, 이를 다양하게 조합해 만든 공간은 유동적으로 변화하는 IT 기업의 조직에 대한 은유이기도 하다. 체계의 반복이 내부 공간과 외관을 형성한다.

기능, 동선, 이들의 관계 등을 우리는 다이어그램이라고 부른다.[6] 배형민은 『포트폴리오와 다이어그램』에서 "원칙적으로 건물 이외의 대상과 개념을 표상"하는 것을 다이어그램이라고 정의했다. 기능, 공조, 설비 등, 건물이 형태가 아니라 수행해야 하는 성능으로 이해될 때 다이어그램은 전면에 부상한다.[7] 그에 따르면 현대건축 전체는 다이어그램에 의해 추동되어 왔다. 형태는 기능을 따른다는 기능주의의 신조, 평면을 그리기 위해 실들의 크기와 관계를 느슨하게 잡아가며 그리는 벤다이어그램 등 다이어그램은 현대건축 기율의 핵심이다. 모두가 다이어그램을 사용한다 하더라도 이를 다루는 태도, 정확히는 다이어그램의 위상을 어떻게 설정하는지는 시대에 따라 상당한 차이를 보인다. 1959년 존 서머슨(John Summerson)은 프로그램을 충실히 잘 따른 뒤 최종 형태를 만들어야 할 때 당대 건축가들이 느끼는 당혹스러움을 묘사했다.[8] 고전주의와 같은 확실한 기준은 사라졌고 르 코르뷔지에 같은 거장의 선례가 충분하지 않을 때, 어떻게 형태를 잡아나가야 하는지 모호하다는 것이다. 1960년대 후반 이후 전개된 미국 모더니즘의 새로운 형식주의를 이 당혹감을 해소하기 위한 것으로 읽어도 크게 무리는 없을 것이다.[9] 새로운 형태에 대한 의지를 버리고 다이어그램으로 최종 건축물을 도출해도 안 될 이유가 있냐고 되묻기까지 약 30년 정도의 시간이 필요했다.

1989년 렘 콜하스는 프랑스 국립도서관[10] 현상설계에서 강당, 극장, 사무실, 엘리베이터, 에스컬레이터의 네트워크를 입체적으로 배치한 뒤 이를 유리 커튼월 입방체로 둘러싸는 전략을 취했다. 이 요소들과 커튼월 사이 공백을 채워가며 서가가 배치된다. 요소들의 다이어그램에서 건축으로 곧장 이행했음을 강조하며 렘 콜하스는 이 도서관을 "형태 없는 건축(formless architecture)"이라고 불렀다.[11] 왜 하필 건축물의 최종 모습이 직육면체여야 하는지, 왜 저것을 형태가 아니라고 하는지, 존재하는 것 가운데 형태 없는 것이 어디 있냐고 반문할 수 있을 것이다. 렘 콜하스가 말하는, 그리고 앞에서 존 서

---

[6] 다이어그램이 현대건축에 도입되게 된 역사와 이후 전개에 대해서는 배형민, 『포토폴리오와 다이어그램』(동녘, 2013)을, 다이어그램의 최근 상황에 대해서는, 자크 뤼캉, 『오늘의 건축을 규명하다』(스페이스타임, 2019), 특히 1장을 참조하시오.

[7] 배형민, 『포토폴리오와 다이어그램』, 251쪽.

[8] 같은 책, 367쪽.

[9] 타푸리의 입장을 따르면, 형태는 이미 18세기에 위기에 처했다. 이후의 여러 시도는 이 위기에 대한 봉합이다. 여기에 대해서는, Manfredo Tafuri의 *Theories and History of Architecture* (New York: Harper & Row, 1980) 가운데 2장 "Architecture ad 'indifferent Object' and the Crisis of critical Attention"과 *The Sphere and the Labyrinth. Avant-gardes and Architecture from Piranesi to the '70s* (Cambridge, MA: MIT Press, 1987) 가운데 1장 "The Wicked Architect"를 참조하시오.

[10] OMA는 이 도서관을 "대단히 큰 도서관" TGB(Très Grande Bibliotèque)라고 부른다. 이 도서관의 바닥 면적은 25만m², 서울시에서 건립 추진 중인 가장 큰 시립도서관(동대문도서관)의 10배 규모. OMA의 시애틀 도서관(1999–2004)의 면적은 3만4천m²다.

머슨이 이야기한 형태(form)는 작가/건축가/창조자의 의도와 목적에 따라 크기와 질서가 부여된 대상을 뜻한다. 형태를 버린 렘 콜하스에 따르면, 다이어그램 건축은 형태를 만들지 않고 모양(shape)을 만들며, 건축은 모든 것의 다이어그램을 재현한다.[12]

다이어그램이 곧 건축이 될 수 있다는 생각은 특정 건축가의 전유물이 아니었다. 자신은 형태를 만드는 것이 목표가 아니라고 말하는 건축가라면 누구나 다이어그램으로 관심을 돌렸다. 이토 도요는 세지마 가즈요의 작업을 다이어그램 건축이라고 설명했다. 그에 따르면, 세지마는 '계획'이라는 단계를 생략하고 공간 다이어그램을 곧장 건축으로, 나아가 현실로 전환한다.[13] 요컨대, 현실을 추상한 것이 다이어그램이고 다이어그램이 곧 건축이니 건축은 다시 현실의 재현이 된다는 것이다. 현실-다이어그램-건축-현실이라는 순환고리가 완성된다.

동일성으로 환원하지 되지 않는(되어서는 안 되는) 이질적인 것에 대한 배려, 복잡해지고 거대해진 자본, 이에 따라 규모가 커진 건축, 모든 것을 관장한다고 여긴 저자 개념에 대한 부정, 현실을 반영하기에 보수적이고 수동적이라고 비판 받은 다이어그램에 생성의 힘이 있음을 주장한 들뢰즈의 해석 등, 여러 이유와 근거를 바탕으로 다이어그램은 21세기 건축을 설명하는 첫 번째 키워드로 부상했다.[14] 앞에서 언급한 부띠크모나코, 다음 스페이스닷원을 비롯해 〈스페이스K〉 등 매스스터디스의 일련의 작업에서 다이어그램의 흔적을 찾는 것은 어렵지 않다.

원불교 원남교당 역시 이 흐름 속에 있다. 그러나 매스스터디스의 기존 작업과 다이어그램 건축이라 불리는 국내외의 프로젝트와는 다른 특징 또한 엿볼 수 있다. 원남교당은 매스스터디스의 작업 가운데 가장 복잡한 장소에 위치한다. 율곡로 변의 고층 건물과 서울대병원 사이에 남아 있는 잘고 불규칙적이고 오래된 땅에 법당, 훈련관, 별관 등 다양한 프로그램을 수용하면서 종교 건축물이 가지는 상징성과 기념비성을 지닌 건물을 세워야 했다. 출입구로 빨려들 듯 건물 안으로 들어가, 마당, 기념공간, 법당을 지나 여래길을 거쳐 기도실을 찾은 방문객이 이 건물의 전체 모양이나 공간 구성을 짐작해내기란 대단히 어렵다. 평면도를 보기 전에 기도실이 무척 얇은 매스의 일부라는 것을 눈치챈 이는 많지 않을 것이다. 옥상에 올라 건물이 대지에 어떻게 앉아 있는지를 파악한다 해도 사정은 크게 달라지지 않는다. 원남교당은 주변 필지들 사이에 난 길을 연결하기 위해 대지 내에, 그리고 벽에 길을 지느러미처럼 붙이고 있다. 막혀 있지 않고 주위와 여러 갈래로 뚫린 건물이다. 시선과 동선을 가로막지는 않지만 건물의 모양이나 경계를 명확하게 그리려면 이 길을 꽤나 여러 번 오고 가야 한다. 원남교당을 구성하는 여러 요소들은 제각각 노는 듯하지

---

[11] O.M.A. Rem Koolhaas and Bruce Mau, *S, M, L, XL* (New York: The Monacelli Press, 1995), p. 638.

[12] 렘 콜하스는 "모양으로 돌아가야 할 12가지 이유"를 말한다. OMA / Rem Koolhaas, *Content* (Köln: Taschen, 2004), pp. 86–87; 같은 책, p. 20.

[13] Toyo Ito, "Diagram Architecture," *El Croquis* 77 (1996), p. 20.

[14] 들뢰즈의 다이어그램 해석은 Gilles Deleuze, *Foucault* (Minneapolis: University of Minnesota Press, 1986), p. 34 이하.

만 하나의 전체를 이룬다.

　이 복잡함을 건축가는 문어에 비유한다. 중심 공간인 대각전의 축을 기준 삼아 용도와 필요에 따라 촉수를 뻗어가며 만들어진 건물이라는 설명이다. 이런 문어를 만들 때 다이어그램은 상당히 유용한 도구였을 것이다. 다이어그램은 외부의 복잡한 변수를 건축 내부에 수용하기 위한 장치, 바로 이런 복잡한 건물을 만들기 위한 도구로 다져져 온 개념이니 말이다. 그러나 원남교당의 다이어그램은 정확히 여기까지다. 완성된 원남교당에서 다이어그램을 읽어내기란 무척 어렵다. 한 덩어리(monolithic)로 된 듯한 형태, 전체를 감싸는 단일한 재료, 그리고 어떤 면에서는 매스스터디스의 작업 가운데 가장 조형적이라고 평가해도 좋을 매스는 다이어그램을 가린다.

　다이어그램 건축은 투명성을 원했다. OMA의 프랑스 국립도서관 계획안은 유리 커튼월이어야만 한다. 다이어그램이 보여야 하기 때문이다. 수직으로 적층된 다이어그램이 드러나기 위해서는 매스의 분절과 투명한 재료가 필수적이다. 〈시애틀 중앙도서관〉이 이를 입증해준다. SANAA의 〈가나자와 21세기미술관〉도 마찬가지다. 다이어그램이 계획을 건너뛰고 건물이 되기 위해서, 각 실과 복도의 경계는 최대한 얇고 투명해야만 한다. 동일한 평면이지만 내부의 벽과 가림막이 지금처럼 얇고 투명하지 않고 불투명한 재료로 된 벽이라고 상상해보라. 투명함을 잃은 21세기미술관은 전혀 다른 건물이 될 것이다. 수십 년 전 콜린 로우는 직관적으로 알 수 있는 재료의 투명성보다 지적인 사유를 통해 획득할 수 있는 중첩된 공간의 투명성을 더 높이 평가했다. 그러나 쿨하고 쉽고 투사적인(projective)[15] 다이어그램 건축은 다시 재료의 투명성, 직관적인 투명성을 요구한다.

　원남교당은 불투명하고, 다이어그램은 두껍다.[16] 원남동에서 우리는 강남역이나 제주에서처럼 체계를 읽을 수 없다. 체계가 없다는 말이 아니라 쉽게 읽히지 않는다는 뜻이다. 장소와 프로그램의 복잡성은 단일한 매스 속에서 녹아들고 불투명해진다. 이 차이가 대지에서 비롯하는 것인지 형태를 만드는 방법의 변화에서 도출된 것인지 명확하지 않다. 어쩌면 이 둘을 구분하는 것이 무의미할지도 모른다. 다이어그램의 투명성을 좇을 이유가 없기 때문이다. 조민석의 표현대로 "반작용이 작용이 될 때" 그러니까 작용 안에서 반작용이 사라지는 순간, 체계와 이질성이 용해되는 지점, 여기에 내기를 걸어보아도 좋을 것이다.

15
OMA/ Rem Koolhaas, *Content*, 같은 곳.

16
최근의 〈서리풀 개방형 수장고〉 설계공모 계획안에서도 비슷한 접근을 엿볼 수 있다.

박정현

건축평론가. 서울시립대학교 건축학과에서 박사 학위를 받았다. 『건축은 무엇을 했는가: 발전국가 시기 한국 현대 건축』을 비롯해 『김정철과 정림건축』(편저), 『전환기의 한국 건축과 4.3그룹』(공저), 『중산층 시대의 디자인 문화: 1989–1997』(공저) 등을 쓰고, 『포트폴리오와 다이어그램』, 『건축의 고전적 언어』 등을 번역했다. 2018년 베니스 비엔날레 한국관 〈국가 아방가르드의 유령〉, 〈Out of the Ordinary〉(2015, 런던), 〈Contemporary Korean Architecture, Cosmopolitan Look 1989–2019〉(2019, 부다페스트) 등의 전시에 큐레이터로 참여했다. 현재 비평가로 활동하며 서울시립대학교와 연세대학교에서 강의하고 있다.

크리틱 2

하이퍼-파라미터(hyper-parameter), 하이퍼-레퍼런스(hyper-reference)

현명석

세기말 보낸 편지 또는 선언문

새천년을 앞둔 《Space(공간)》 1999년 11월호와 12월호 특집 제목은 '밀레니엄 건축의 비전'이었다. "새 천년의 주역이 될 젊은 건축가들의 작업을 통해 뉴 밀레니엄의 비전을 보는" 것이 《Space》가 밝힌 특집의 기획 의도였다. 11월호에는 특히 김봉렬, 정기용, 한경구 등이 참여한 포럼 녹취록과 당시 '젊은' 실무 건축가로 주목받던 공철, 장윤규, 조민석의 작업과 글이 실렸다. 이들 가운데 조민석은 지면에 세 가지 작업, 〈폰 얼라크 주택 증축안〉〈회전문〉〈서울리서치 1960-2000〉을 소개했으며, 더불어 《Space》 편집자에게 보내는 편지 형식의 글을 실었다. 글의 내용은 대략 다음과 같다.

> 첫째, 세 가지 작업은 모두 건축 주제인 '공간'을 다루지만, 동시에 각각 다른 스케일, 매체, 전략, 방법론 등을 통해 구현됐다. 둘째, 세 가지 작업은 모두 협업의 결과다. 〈주택 증축안〉은 제임스 슬레이드(James Slade)와, 무대 디자인 작업인 〈회전문〉은 안무가 안은미와, 그리고 도시 연구 작업인 〈서울 리서치〉는 건축가 김광수와 학생들과 함께한 것이다. 셋째, 세 가지 작업은 각각 다른 시간과 공간을 점유하거나 매체를 통해, 또는 그 사이를 가로지르며 진행됐고 공개됐다. 〈주택 증축안〉은 뉴욕주에 지어질 건축물이었고, 〈회전문〉은 뉴욕 컬럼비아대학 극장에서 초연된 공연 예술이었으며, 〈서울 리서치〉는 서울과 뉴욕을 오가며 진행한 다자간(多者間) 연구 프로젝트이자 전시 작업이었다.

이들 작업과 글을 통해 조민석은 그가 다루는 장르와 스케일이 무대 디자인과 건축물과 도시를 가로지르고 아우르며, 또한 그가 건축물의 구축뿐 아니라 전방위적으로 촉수를 뻗어 다양한 매체를 통해 건축 담론 구축에 몰두하고 있음을 적극적으로 보여주었다. 작가로서의 건축가가 아닌 협업의 행위자로서, 다시 말해 더 큰 건축 생산 관계망의 일부로서 움직이고 점유하려는 태도를 드러내기도 했다. 돌

이켜 보건대, 당시 조민석의 자기소개를 이후 한국 건축계에서 그와 그의 세대 건축가들이 보인 행보의 징후나 압축적 단면으로 읽어도 크게 빗나가지 않을 듯하다. 특히, 글을 마무리하는 '추신'에서 조민석은 자기를 '재미 건축가'로 소개하는 관행에 대해 이렇게 썼다.

> 물리적으로 한국에 있지 않을 때에도 저는 나머지 세상과 함께 동시적으로 다양한 형태의 한국을 나누면서 함께 지내왔다고 생각합니다. (...) '동시성'과 '다중성'은 효과적으로 작용해왔다고 생각합니다. 한 개인이 또 다른 문화적 정체성을 얻기 위해 원래 가지고 있는 문화적 정체성을 바꾸거나 일부 희생해야 할 필요가 없다고 생각합니다. 제 생각에 개인은 하나의 정체성 위에 다른 정체성들을 축적해 나갈 수 있다고 생각하며, 이는 소위 국제화된 세계의 진정한 낙관이라고 생각합니다.[1]

당연한 말이지만, 조민석의 작업 선정과 글쓰기는 예나 지금이나 매우 전략적이다. 세기말에 한국 건축계에 부친 조민석의 편지는 어찌 보면 선언문(manifesto)이 있을 수 없는 시대의 선언문처럼 읽히기도 한다. 존댓말로 쓴 편지 형식의 온건함은 오히려 역설적으로 글의 이런 성격을 강화한다. 조민석의 이른바 '추신'에선 국적이나 지역에 맞춘 (반쪽) 정체성의 딱지를 거부하는 코스모폴리탄의 태도를 읽을 수 있다. 세계화에 적대적인 지역주의를 넘어 이질적이고 다층적이지만 연대와 공감만으로도 느슨하게 그 윤곽을 그릴 수 있는 동시대 문제를 동시대인들과 함께 고민하고자 하는 '낙관'의 태도 말이다.

2000년대 이후 세대

1997년 외환 위기의 절망과 곧 도래할 새천년의 희망이 함께했던 세기말, 조민석의 이 짧은 자기소개 또는 선언문은 2000년대에 등장한 새로운 한국 건축가 세대의 정체성과 태도를 압축적으로 보여준다. 조민석은, 거칠게 구분하면 거장 김중업과 김수근 등이 대표하는 한국 모더니즘 건축의 첫 세대와 '공간' 또는 '4.3 그룹' 출신 김인철, 민현식, 승효상 등이 대표하는 두 번째 세대에 이은 세 번째 세대의 대표 건축가다. 앞 세대 한국 현대건축이 모더니즘, 그리고 이에 대한 안티 테제로 출현한 비판적 지역주의와 장소성 담론이 겹겹이 중첩해 뒤얽힌 채로 나타났다면, 2000년대 이후 한국 현대건축은 동시대 세계 건축의 흐름과 별다른 시차 없이 예민하게 조응하기 시작했다. 이런 맥락에서 후기 자본주의, 신자유주의의 명암과 디지털 전환의 다양한 정치적, 문화적 층위를 체화했던 조민석과 그의 세대 건축가들의 작업은 비판성보다 실용성과 수행성(performance)을 중요시하기 시작했고, 작가가 되기보다 더 큰 관계망의 행위자로 자기를 규정하기 시작했다.

[1] 조민석, '글로벌 환경과 건축', 《Space (공간)》 384호, 1999년 11월, 153쪽.

스타일의 부재, 막대한 정보량

실용성과 수행성이 진정으로 지침이 될 경우 사라질 수밖에 없는 것은 형식적 스타일의 일관성이다. 조민석과 매스스터디스의 작업 목록은 그 방대한 양만큼이나 어떤 일관된 흐름으로 파악할 수 없는 질적 다중성을 지닌다. 어떤 특정한 흐름을 잡으려는 순간 그 흐름은 미꾸라지처럼 손아귀에서 벗어나 도망친다. 예컨대 매스스터디스의 초기작인 〈부띠크모나코〉는 일종의 하이퍼 리얼리즘, 다시 말해 현실적 조건과 상황을 임계점까지 급진적으로 몰아붙여 바로 그 현실의 한계를 드러내고 실험하는 당대 유럽 건축의 특정 전략을 한국적 맥락에서 구현했다고 볼 수 있다. 이렇게 보면, 부띠크모나코는 패턴을 파악할 수 없는 혼돈의 건축과 도시 리얼리티의 힘들을 연구(research)하여 수화(digitization)하거나 다이어그램화하고, 그 양적이고 시각적인 정보를 최댓값으로 밀어붙여 건축화한, 비니 마스(Winy Maas)가 말한 전형적인 데이터스케이프의 작업에 가깝다. 데이터스케이프의 전략은 결국 도시와 건축을 이루는 진부하고 관행적인 힘들을 막대한(massive) 최댓값까지 밀어붙여 오히려 낯선 풍경을 얻어내는 데 있다.

> 막대함의 행태를 제대로 이해하기 위해선 그것을 한계까지 밀어붙여야 하고, 이런 극단화를 건축 연구의 기술로 채택해야 한다. 가능한 최댓값을 가정했을 때, 사회는 자신이 정한, 그리고 단단한 논리에 따라 추정할 수 있는 법과 하위 법들을 마주하게 된다. 극단화는 비로소 이런 규제들에 의문을 제기하기 시작할 것이다.[2]

건축물 높이를 최댓값으로 올리고 용적률에 맞춰 마찬가지로 최댓값의 보이드를 덜어낸 부띠크모나코의 덩어리에서 국가 주도 개발 이데올로기와 법규, 자본의 논리와 욕망 등이 복합적으로 얽혀 만들어낸 한국 아파트 유형은 매우 낯선 또 다른 유형으로 다시 제시됐다.

그러나 당대 네덜란드 건축가들이 도시와 건축을 다루는 초-현실(hyper-real), 초-임계(hyper-critical), 데이터스케이프, 큼(Bigness)의 전략과 스타일을 부띠크모나코에서 읽어내고 그에 따라 매스스터디스의 작업 전반을 읽거나 구조화하려 한다면 우리는 금세 곤란한 처지에 놓일 수밖에 없다. 예컨대 〈다음 스페이스닷원〉의 경우, 8.5m×8.5m의 곡면 캔틸레버 모듈이 변이와 조합과 적층을 통해 제주도의 완만한 오름에 형성되는 건축적 풍경은 부띠크모나코의 그것에서 꽤 멀리 벗어나 있는 것처럼 보이기 때문이다. 어찌 보면 당연한 일이다. 각종 변수가 첨예하게 부딪히는 고밀도 서울 강남과 제주도의 대지는 명백히 다르고, 두 건축물의 프로그램도 다르다. 두 사례는 모두 모듈의 조합이란 층위에서 닮기도 하지만, 각각의 모듈

2
Winy Maas, "Datascape," *Farmax: Excursions on Density*, 010 Publishers, 1998, pp.100–3.

이 담아내는 건축적 속성은 매우 다르다. 그러나 이런 동시대적 다중성은 매스스터디스의 작업 목록에서 이 두 작업에만 국한된 것이 아니다. 2003년 개소 후 지난 20년간 매스스터디스의 작업 목록이 종으로 길어질수록 이들 작업을 서로 묶고 연결하는 갈래들은 횡으로 점점 더 늘어났으며, 종종 어떤 갈래는 다시 접히고 돌아가 다른 갈래와 만나기도 한다. 매스스터디스가 프로젝트마다 붙이는 것으로 알려진 기이한 픽토그램들의 가능한 조합 개수만큼이나, 다뤄야 할 변수와 데이터가 축적되면 될수록 작업 목록과 갈래의 종횡 스케일과 복잡도는 점점 커지고 높아진다.

매끈한 표면과 하이퍼-파라미터
원불교 원남교당 또한 매스스터디스의 작업 목록에 또 다른 갈래가 되기에 충분하다. 서쪽으로 창경궁, 북쪽으로 서울대학교 병원, 남쪽으로 율곡로를 바라보는 강북 도심 구릉지 대지는 역사 도시 서울의 복잡한 조직을 예시하는 전형이며, 프로그램은 조민석과 매스스터디스가 다뤄본 적 없는 종교시설이다. 한국 현대건축의 실질적 태동기라 할 수 있는 1960년대에 지어진 비교적 양질의 기존 교당 건물을 대체한다는 역사적 의의가 부과된 작업이기도 하다. 부띠크모나코와 다음 스페이스닷원과 비교하면, 앞서 언급한 전작들을 특징짓는 이산(discrete) 집적체의 갈래는 원불교 원남교당으로 이어지지 않는다. 원불교 원남교당은 마치 솜씨 좋은 바로크 조각가의 대리석 조각처럼 비현실적으로 이음매 없이 매끄럽다. 균질한 모놀리스 덩어리의 외관은 매스스터디스의 작업 가운데 시기적으로 꽤 가까운 〈스페이스K〉를 연상시킨다. 그러나 대지를 관통하고 연결되는 일곱 개의 골목길이 제각각 덩어리의 유연한 곡면을 빚어내며 그 전체 윤곽선을 만드는 원불교 원남교당과 달리 스페이스K는 두세 획의 큰 칼질로 신도시 블록을 잘라 올린 간결한 형태다. 스페이스K에 작용하는 힘들이 신도시 계획 개념에 단골로 등장하는 '보행 축'이나 '녹지 축'과 같이 갓 기입(記入)된 단선들이라면, 원불교 원남교당의 힘들은 오랜 세월 동안 이미 겹겹이 기입됐으며 지워졌다 다시 기입된, 깊이도 폭도 비균질적인 중층의 선들인 까닭이다. 스페이스K의 선들이 애초에 특징 없는 대지에 작용하는 힘들의 촉발제라면, 원불교 원남교당의 선들은 이미 대지에 가득 찬 힘들의 반복이자 변이이자 연장이다.

매끈한 표면이 상하좌우로 펼쳐지고 접히고 감싸며 촉발하는 다채로운 동선과 체험은 이 건축물의 핵심이다. 율곡로에 접해 교당의 위치를 확인해 주는 경원재를 지나 종교관으로 진입하는 순간, 방문자는 곧바로 건물 내외부를 오가고 그 위아래를 오르내리는 현란한 움직임에 몸을 맡길 수밖에 없다. 진입부에서 1층과 종교관 2층 마당, 건물 내부 대각전, 그리고 다시 밖으로 나와 건물을 휘감아 도는 여래길의 여정까지, 움직임을 촉발하는 건축 장치들이 지닌 흡인력의 세기와 방향은 다채롭다. 이들 건축 장치는 방문자의 눈과 발을 이리저리 밀고 당겨 분산시키는 한편, 인혜원과 대각전 사이 마당, 대각전 내부 원상, 곳곳에서 크고 작게 틀 지어진 바깥 풍경, 그리고 기도실처럼 한동안 그 눈과 발의 분산력을 잡아 두기도 한다. 파편화한 몽타주나 콜라주의 형식을 굳이 드러내거나 차용하지 않더라도 매끈한 표면의 곡률과 채움/비움을 통해 곳곳을 두리번거리며 한바탕 건축물 내외부 모든 영역을 눈과 발로 경험하는 여정을 빚는 솜씨는 그 어디서도 전례를 찾기 어려울 정도로 능수능란하다.

하이퍼-레퍼런스와 자기-참조

대각전의 원상과 김봉렬의 인혜원이 마주보는 2층 마당은 이 건축물이 그 안으로 끌어들여 일일이 대응하고 반응하는 대지 조건의 복잡함이 일순간 정제된 안정감으로 변하는 공간이다. 이곳은 또한 조민석이 참조하는 깊고 넓은 레퍼런스 목록의 극히 일부를 확인할 수 있는 곳이기도 하다. 책을 신성한 것으로 격상하는 루이스 칸의 원형 기하학과 제임스 터렐(James Turrell)의 현상학적 시각 체험, 그리고 김봉렬의 한옥 오브제가 직유하는 전통 건축의 형태와 공간 등이 매끈한 모놀리스의 건축을 뚫고 나와, 또는 그것과 대비되며 그 존재를 드러내는 곳이다. 조민석은 그의 세대 답게, 자기가 참조하는 레퍼런스를 밝히거나 미처 의식하지 못한 레퍼런스를 찾아가는 데 거리낌이 없다. 마치 단순하기 짝이 없는 알고리즘의 루프 메커니즘이 반복적으로 켜켜이 쌓여 복잡한 문제를 풀어내듯, 조민석의 건축은 건축 참조의 담론을 건축으로써 구축한다.

그러나 무엇보다도, 조민석의 건축이 드러내는 초-참조성(hyper-referentiality)은 오히려 어느 순간부터 외부 참조가 아닌 자기 참조의 성격을 지닐 수밖에 없다. 조민석과 매스스터디스의 작업 목록이 늘어나면 늘어날수록, 다시 말해 그 방대함(massiveness)이 더해질수록, 그의 건축은 끊임없는 자기 참조의 루프가 반복되는 결과값으로 귀속한다. 원불교 원남교당에는 온갖 힘들을 부드러운 곡면성으로 포섭하는 잠재태와, 온갖 변수들에 대한 반응으로 건축을 생성하는 파라메트리시즘과, 소요와 길의 역사와 경험을 천착하는 앞 세대 한국 현대건축의 노스탤지어가, 그리고 아마도 무수히 많은 매스스터디스의 리서치와 프로젝트가 한데 버무려져 있을 것이다.

자기 목록이 충분히 방대하고 과도하다면 자기 참조가 크게 문제될 일도 없을 터. 조민석과 매스스터디스의 건축에 어떤 디지털적 요소가 있다면, 그것은 이들의 형태나 스타일이 아닌, 바로 그 방대한 양의 변수와 참조체와 데이터에 있을 것이다. 이런 방대한 양의 데이터를 다루고 조직하는 이는 건축가 조민석인가, 그가 이끄는 매스스터디스라는 집단인가. 그렇다면 건축 역사와 이론의 과업은 기존의 개념 틀로 구조화할 수 없는 앞으로 등장할 초-변수, 초-참조의 건축을 어떻게 역사화하고 이론화할 것인가. 원불교 원남교당이 제기하는 질문이다.

현명석

서울시립대 학부와 대학원에서 건축을 공부했다. 미국 조지아공대(Georgia Institute of Technology)에서 20세기 중반 미국 건축사진을 이론화한 작업으로 박사 학위를 받았다. 케네소주립대(Kennesaw State University), 건국대, 경남대, 백석예술대, 서울시립대, 한양대에서 건축역사와 이론, 디자인을 가르쳤거나 가르친다. 《Journal of Architecture》《Journal of Space Syntax》《건축평단》《와이드AR》《Space》 등에 글과 논문을 실었다. 『건축사진의 비밀』(디북, 2019)의 공저자이며 『건축표기체계: 상상, 도면, 건축이 서로를 지시하는 방식』(아키텍스트, 2020)을 엮었다. 서울에서 건축 매체와 재현, 디지털 건축, 시각성 그리고 한국 젊은 건축가들의 작업에 관심을 가지고 연구와 저술에 몰두하고 있다.

크리틱   3

건축의 향연

김인성

원불교 원남교당은 건축으로 가득하다. 건축가는 아직 건축의 힘을 믿고 있고, 그것이 세상 속에서 하나의 존재로 피어나기를 꿈꾼다. 그는 건축이 하나의 배경이나 풍경이 되는 대신 세계의 당당한 일원으로 스스로 성장하고 스스로를 입증하며 마침내 스스로의 풍성함으로 자신의 자리에 우뚝 서기를 희망한다. 건축은 더 이상 연결을 위해 비우거나 공간을 위해 사라지거나 정신을 위해 자신의 몸을 감추지 않는다. 대신 이 건축은 스스로의 몸으로 손짓해 부르고 악수를 청하고 살을 부대끼고 마음을 움직이고 함께 춤추고 함께 꿈꾼다.

둘레길
부지와 만나는 7개의 골목길을 연결했다는 건축가의 설명을 듣고 늘 들어온 소위 콘텍스트나 맥락주의를 떠올리는 것은 순진하다. 한국의 주류건축이 설파하던 골목길의 끌어들임이나 관통, 또는 골목길을 형성하는 건축 구성 따위는 원남교당에서 찾아보기 힘들다. 원남교당에서 건축이 원하는 것은 길의 매끄러움이나 효율성이기보다 경계의 두툼한 감촉들이다. 여기서 골목길들은 건축을 맞닥뜨리고 건축을 더듬으며 에두른 후에야 서로의 입구와 출구를 발견한다. 일부러 구성된 마당이나 광장 없이도, 냉랭했던 이웃과의 경계는 둘레길이 되고 장소가 된다.

평행선
땅바닥에 둘레길이 있다면, 저기 하늘엔 여래길이 있다. 이를 뭉뚱그려 건축적 산책길이라 칭하는 건축가의 설명은, 조금 안일한 게 아니라면 차라리 어떤 트릭에 가깝다. 땅과 하늘을 연결하는 이곳의 수직 통로는 자연스러운 산책로적 연결이라기보다는 각자 분명한 주장을 갖는 수직의 형상들이기 때문이다. 가장 완만한 상승을 보이는 기념공간 측 동선은 이름 그대로 정교하게 연출된 장면들의 독자적 시퀀스이고, 그 우측으로는 닫힌 형상의 종교관 내부 계단실과 개방적인 훈련관 계단실이 각자 존재감을 드러내고 있다. 따라서 원남교당에는 두 개의 분리된 회전력이 존재하는데, 하나는 땅에서 그리고 또 하나는 하늘에서 작동하고 있다.

분리
건축가 스스로 언급하듯이, 원남교당의 최대 과제는 영적 환경을 위한 '의도적 단절'과 도시 환경과의 '적극적 연결'이라는 모순적 도전의 해결이다. 그리고 제출된 답안은 꽤 성공적이다. 우리는 별다른 탐색이나 분석 없이도 주변의 복잡한 골목길들이 연결되어 있다는 것을 느꼈고, 동시에 중앙의 마당에 들어서서는 금세 좀 전의 도시를 잊은 채 어떤 위요의 포근함을 느끼지 않았던가. 건축가의 묘수는 1층과 2층의 완전한 단절, 하지만 그것을 쉽사리 눈치채지 못하게 하는 건축적 기술이다. 우리는 이미 건축을 에워싸는 골목길의 흐름을 꽤나 입체적인 연결쯤으로 착각하고 있었다. 마찬가지로 땅과 분리된 2층 마당을 느슨하게 둘러싼 건축 형상들은 공간적 분리와 시각적 연결의 줄타기를 꽤나 능숙하게 성취하고 있다.

기둥
원남교당은 고집스러우리만큼 기둥 없는 건축이다. 이곳에서 볼 수 있는 기둥이란 인혜원에 도열한 목조 기둥들뿐이다. 기둥 없는 공간 속 우리의 눈은 구분하고 헤아리기보다 면을 더듬으며 흐른다. 파악하고 장악하려는 정신의 욕망은 매 순간 좌절된다. 투시하고 지배하려는 객관성의 공간은 이제 그 르네상스적 투명함을 잃고 흐릿해진다. 이것은 손가락적(digital)이 아닌 손적(manual)인 공간이다. 건축은 조직되고 구성되기보다 꿈틀대고 변형된다. 면들의 뒤엉킴 속에서 공간을 구해내고 형상을 건져내는 일, 로마적 육중함으로 근대적 경쾌함을 빚어내는 일, 이것이야말로 참을 수 없이 가벼운 현대건축의 틈바구니에서 피어난 원남교당의 건축적 미덕이다.

아래층
여전히 기둥 없는 공간이지만, 1층 남측의 식당은 원남교당에서 가장 투명하게 열려있다. 골목길이 관통하는 유일한 내부공간이기도 하다. 식당의 엄격한 직교 체계는 교당의 주 건물 반지하 쪽으로 뻗어나가며 인간적 질서의 공간을 구축한다. 도시의 혼돈과 물질적 조건들에 직접 얽혀 있는 아래층은 많은 구멍이 뚫리고 여러 기능적인 방들로 분할된다. 건축이 한 발짝 물러서고 일상을 위한 기능과 질서가 강조되는 이곳 한구석에 자리한 첫 번째 기도실이 온전한 기도실로 쓰이지 않고 있다는 사실은 어쩌면 자연스러운 일이다.

생 피에르 성당
원남교당의 건축적 원형을 굳이 찾자면 1960년 르 코르뷔지에의 생 피에르 성당(Eglise Saint-Pierre)계획을 들 수 있다. 성당의 아래층은 인간에 의해 합리적으로 통제되는 공간을 위한 입방체 형태의 볼륨이, 위층은 성스러운 공간으로서 자연의 곡선과 가까운 원뿔의 볼륨이 위가 잘린 형태로 구성되어 있다. 하지만 이 이질적인 볼륨 조합의 유사성으로 원남교당을 탓할 필요는 없다. 우여곡절과 논란 끝에 2006년에야 완공된 생 피에르 성당이 원 계획안과 재현적 유사성을 갖고 있다면, 결과로서 산출된 원남교당의 생산된 유사성이 오히려 생 피에르 성당을 더 잘 구현하고 있을지도 모를 일이다.

마리아상
롱샹 성당(Ronchamp Chapel)의 제단과 외부 설교단 사이 동측 벽체에 유일하게 설치된 정사각의 큰 창 중앙에는 오래된 성모 마리아상이 보존되어 있다. 르 코르뷔지에는 부르레몽 언덕의 옛 성당에서 사용하던 마리아상을 롱샹의 중심부에 다시 설치함으로써 과거의 시간을 현재와 연결하려는 시도를 보여준다. 원남교당의 동측 중앙에 보존된 은행나무는 롱샹의 마리아상이다. 이전 교당의 기억을 간직한 이 은행나무는 위층의 종교관, 마당, 훈련관 사이에 핵심적 형상으로 서 있고, 이를 땅과 연결하는 원통형 화분은 아래층 각 시설과 골목길들의 결절점으로 톡톡히 기능하고 있다.

고립
건축가는 원남교당을 문어에 비유한다. 하지만 그것은 바다를 자유로이 유영하는 문어가 아니라 땅에 외로이 던져진 문어에 가깝다. 그렇다고 낯선 대지가 문어를 움직이지 못하도록 묶어 놓은 것은 아니다. 오히려 대지는 문어가 장소나 자기 자신에 대한 일종의 모색과 탐험을 예민하게 느낄 수 있도록 해준다. 이제 문어는 대지 위 한 층의 받침대 위에 놓인 조각상이다. 하지만 그것은 멈춤 없이 꿈틀대며 받침대 위 자신의 골격을 타고 돌아다니는 형상이다. 그는 스스로를 뻗어 자신을 둘러싼 물질적 구조, 낯선 건물과 골목길들을 탐색하고 말을 건넨다. 진정한 소통이란 고립을 통해 스스로를 온전히 세운 뒤에라야 가능한 일이다.

천왕문
원남교당의 주 공간인 2층 대각전으로의 진입은 일주문과 천왕문을 거치는 제법 험난한 길이다. 건축가는 사찰 진입의 경로를 서측 날개 형상 안에 입체적으로 압축한다. 1층 방문객을 맞이하는 거대한 벽체를 찢고 살짝 내민 직선계단 공간은 이 산사의 일주문이다. 좁고 어두운 틈을 통과해 정상에 오르면 밝은 마당을 만나고, 곧이어 좌측 거대한 문을 통해 천왕문에 들어서게 된다. 기념공간이라 이름 붙은 천왕문에 사대천왕은 없지만, 대신 계단과 기도실을 품으며 하늘과 도시를 향한 시선을 정교하게 빚어내는 건축적 장치들의 향연이 펼쳐진다. 그 모든 자연과 인간사를 끌어들여 함께 진동하는 이곳의 밀도는 가히 악귀의 범접을 물리칠 만하다.

로마

원남교당의 중심 마당은 작은 바로크 광장이다. 로마에 산재한 광장들은 오랜 시간 누적된 이질적 건물군에 의해 생겨난다. 그곳에 새로 들어서는 건축은 광장의 기하학을 따라 자신의 파사드를 조율하고, 매스와 공간의 상호작용을 통해 전형적인 바로크 광장으로 진화한다. 원남교당의 마당은 이질적 프로그램과 형태와 계보를 갖는 기념공간, 종교관, 훈련관, 인혜원에 느슨하게 에워싸여 도시적이면서도 아늑한 광장을 이룬다. 여기, 의외의 주연은 무덤덤하게 인혜원을 향하고 있는 종교관의 파사드다. 구부러지고 잘려나간 그 무표정의 입면은 실내외 동선과 마당의 조건을 간결하게 충족시킨 결과물일 뿐이다. 그것은 르네상스적 완결성을 거부하는 바로크적 유연성이다. 이제 종교관의 파사드는 마당에 착 달라붙어 떨어질 수 없는 하나가 된다.

경계

종교관과 마당의 경계선, 투명하게 구부러진 파사드는 종교관의 것인가 마당의 것인가. 이 얄팍해진 경계면이 근대적 투명성을 위한 것이라고 해석하는 것만으로는 부족하다. 밝음과 어두움의 차이에 의해 실내 측에서 마당과 인혜원을 향한 시선이 투명하게 열리는 것은 사실이다. 하지만 마당 측에서 보는 이 파사드는 깊이 없는 2차원의 파리한 표면으로 마당의 비물질적 껍질이 된다. 수직으로 선 2차원이라는 비현실을 짓기 위해 건축가는 미니멀의 전략을 차용하고 곡면의 역학을 활용하면서 시작도 끝도 알 수 없는 유연하고 연속적인 흐름을 만들어낼 줄 알았다. 이것은 더이상 어떤 건축물의 파사드가 아니라 스스로 존재하는 표면이다.

불투명성

원남교당의 마당을 정의하는 테두리로서 둘러선 표면들은 저마다의 방식으로 불투명하다. 불투명성은 투명하지 않음, 혹은 단순한 '가리기'가 아니라 자신의 배후를 '알 수 없는 것'으로 만드는 능력으로 정의된다. 인혜원 측 표면은 물질의 무수한 반복과 부서짐으로 비잔틴적인, 하지만 어두운 불투명성을 갖는다. 훈련관 측 표면은 마당을 향해 의식적으로 구부러진 거대한 면을 내보이며 형상적 불투명성을 보이고, 종교관 측 표면은 비물질적 경계로서의 추상적 불투명성을 갖는다. 이제 마당–공간은 불투명한 테두리에 갇혀 자기 자신의 안쪽으로 무한히 접히며 진동한다. 마당–공간은 바깥 없는 외부, 혹은 뒤집힌 절대적 내부가 되고, 그것은 '균질적인 공간과 시간의 바깥'

또는 어떤 '근본적인 다른 장소(Radical Elsewhere)'[1]이다.

경계 2

원남교당 실내의 많은 창에서도 비물질적 경계의 작용이 즐비하다. 애써 창틀을 없앤 창은 미니멀의 감수성만을 위한 것은 아니다. 유리의 테두리, 콘크리트와 날카롭게 만나는 그 경계는 유리판을 하나의 2차원적 표면으로 추상화한다. 이제 다양한 형상의 창들은 저마다 스크린이 되고, 거대한 전창이나 천창은 어떤 벽면이나 천장이 된다. 그것은 더이상 풍경을 바라보거나 풍경을 끌어들이는 장치가 아니다. 창밖의 도시나 하늘은 비물질적 경계를 갖는 그 표면 위로 쭉 당겨져 각기 하나의 살아있는 이미지가 된다. 이러한 이미지란 볼 수 있다는 점에서 물질에 가깝고, 만질 수 없다는 점에서 정신에 가까운 것이다. 관객은 이제 도시의 프레임 된 어떤 장면을 바라보는 대신, 내 눈앞에 살아있는 한 표면에서 도시 전체를 느낀다. 이곳은 완전히 열렸지만 완전히 닫힌 내부이고, 풍경마저 자신의 속살로 빚어내는 이 능력이야말로 원남교당만의 탁월성이라 할 수 있을 것이다.

멜로디

각기 자신의 내부로 닫힌 공간들은 무수한 동굴들이다. 원남교당의 내외부는 이러한 동굴들의 연쇄로 짜인다. 전후좌우 위아래의 복잡한 미로라 하더라도 각 단위들은 자신의 이웃과 완전히 분절된 자신만의 경계와 형상을 가진다. 투명하게 펼쳐진 3차원의 선험적 공간은 물질의 진동과 기억의 연쇄에 그 지위를 빼앗긴다. 원남교당을 걷는 사람은 각 동굴의 선율을 수평적 흐름의 기억에 담아 하나의 멜로디를 완성한다. 세계는 구조로부터 디테일로 나아가지 않고 원초적 체험으로부터 개개인에 따른 개념화의 길로 나아간다.[2] 여기에 여전히 리듬이 있다면 그것은 선형적이 아닌 순환적인 리듬[3], 보편적이고 선험적인 리듬이 아니라 개별적으로 생성된 리듬이다. 그것은 박자라기보다 비트에 가까운 어떤 운동의 율(measure), 심장의 박동과도 같은 에너지의 활동이다.

화성

원남교당의 바로크적 임무는 멜로디로부터 화성을 추출하는 것, 그 많은 멜로디의 선율들을 서로 관계시키는 상위의 통일성을 복구하는 것이다.[4] 영적 환경과 도시환경을 위한 분리와 연결의 모순적 과제를 건축가는 위층과 아래층의 분리로 답했다. 분리된 각 층의 수평적 흐름이 멜로디를 산출한다면, 화성은 언제나 위와 아래의 수직적 긴장과 조화에서 태어난다. 운동과 소통의 아래층이 물질의 연못이라면, 닫힌 밀실의 위층은 영혼의 음악당이다. 아래층의 시각적 움직임과 에너지는 가장 안쪽 영모실의 작은 열린 틈으로 상승하고 위층 대각

---

[1] 질 들뢰즈, 유진상 옮김, 『시네마I: 운동—이미지』, 시각과 언어, 2002, 38쪽

[2] 졸고, 「DDP와 바로크, 첫 번째」, 《건축평단》, 정예씨, 2015 가을호, 319쪽

[3] Henri Refebvre, *Rhythmanalysis: space, time and everyday life*, Continuum, 2004, p.30

[4] 질 들뢰즈, 이찬웅 옮김, 『주름, 라이프니츠와 바로크』, 문학과 지성사, 2004, 233쪽

전에서 소리로 번역되어 울린다. 상승하는 물질은 하강하는 빛의 현에 진동을 촉발하며 화성을 이룬다.

심포니

하지만 원남교당의 화성은 한결 풍부하고 다채롭다. 그 도시적 건축의 향연은 아래층을 펼치고 쌓아올리거나 위층을 쪼개고 증식시키기도 하면서 풍성한 다성악의 연주를 펼친다. 도시적 흐름에 대응하며 위로 쌓아올린 아래층은 경원재와 훈련관이다. 이들의 진동을 전달하는 골목길, 둘레길, 브릿지는 중력의 힘만큼이나 강한 흐름의 현으로 종교관에 꽂혀 있다. 아래층 둘레길의 회전력은 위층의 여래길에 움직임을 만들어내며 공명한다. 1층 식당의 투명한 분주함은 기단을 따라 피어올라 인혜원의 불투명한 내부에 삶의 파문을 일으킨다. 물질과 영혼의 합주는 원남교당 안팎에서 하나의 심포니로 울려 퍼진다.

형상

종 모양 평면의 종교관 벽체는 원남교당의 가장 중요한 건축적 발명품이다. 선형성과 중심성, 수평성과 수직성을 종합하는 바로크 특유의 타원형은 이곳에서 좀 더 느슨한 곡선으로 진화한다. 그리고 그것은 분리와 연결이라는 현대적 과제에 종교와 도시를 위한 이분화된 중심으로서 대각전과 마당을 세우기 위한 성공적인 전략이 된다. 내부적으로 그것은 멜로디의 선율들을 통합하는 단 하나의 완전한 내부, 모든 신체들의 심장이 되고, 외부적으로는 온 도시를 불러 모아 자신의 표면을 만들고 자신의 기단 위에 스스로 자립한 형상이 된다. 그 거대한 벽체의 임무는 내부와 외부를 완전히 분리시키되 각 두 항이 서로를 되던지게 하는 일이다. 그것은 구분하면서 관계시키는 이중의 표면이고, 형상은 그 경계에 선 채 '꿈꾸는 침묵'[5]에 빠져있다.

[5] 졸고, 「비극의 탄생」, 《건축평단 24》, 건축평단, 2020 겨울호, 147쪽

위비

원남교당의 꼭대기에는 빼꼼히 머리를 내민 형상 세 개가 있다. 그들은 어쩌면 음악당의 심포니를 도시를 향해 뿜어내는 스피커와도 같다. 하지만 그들을 일개 부품 정도로 대우하는 것은 부당하다. 그들 하나하나는 모든 현실의 이미지를 응축하여 자신에게 비끄러맨 가장 작은 완결적 결정체들이다. 르 코르뷔지에의 회화와 조각에 등장하는 토템적 형상의 위비(Ubu)는 19세기 부조리극인 위비왕(Ubu Roi)에서 유래한 것으로 알려져 있다. 이 연극의 주인공 위비는 자기동일성을 상실하고 매순간 변신하는 초현실적이고 부조리한 인물이다. 허구와 현실 사이에서 진동하는 원남교당의 결정체들은 모든 것이자 아무것도 아닌 위비를 닮았다. 그들은 거대한 종교관 형상의 분신이자 그것의 반복이다. 그들은 스피커, 빛우물, 기도실, 계단실로

하나이자 여럿인 반복과 변주를 지속한다. 그들이 생산하는 것은 어떤 이야기나 유기적 서사가 아니라, 제자리에서 공전하는 서사, 시간 속에 존속하는 건축 형상으로서의 존재론적 서사들이다.

경계 3

비물질적 경계를 생성하는 마지막 비법은 이 결정체들에서 발견된다. 뾰족한 예각의 모서리는 형상의 경계를 비물질화한다. 모서리는 형상의 일부이기를 거부하고 허공과 형상 사이 날카로운 경계, 이중의 삼투막이 된다. 사실 그런 날카로운 모서리나 찢어짐은 원남교당 외피의 곳곳에서 발견된다. 공간과 형상은 서로 절대적으로 근접하고, 서로 간에 상대를 명확히 해준다. 공간은 형상을 완전히 포위하고 폐쇄한다. 이제 완전히 닫힌 건축 형상과 그 표면은 무한히 얇은 동시에 무한히 깊다. 마주서고 파악하려는 우리의 의지는 실패하고, 그 '이상한 사물들'[6]은 내 앞에서 스스로 떠오르고 가라앉는다. 중요한 것은 더이상 물질적 구축이나 공간적 내러티브가 아니라 건축이 스스로 존재하게 하는 것, 그리하여 우리와 그의 만남에서 발생하는 공명과 깊이가 그 영혼의 정신적 차원에 도달하게 하는 것이다.

향연[7]

요즘 쓰는 '심포지움'의 원어인 '향연(symposion)'은 함께 모여 먹고 마시는 만찬을 뜻한다. 플라톤의 『향연』은 한 만찬에서 소크라테스 등의 사람들이 사랑의 신 에로스(Eros)를 찬미하고 토론한 내용을 후일 다른 사람에게 들려주는 대화편이다. 재미있는 것은 향연의 한 참석자가 경험한 아테네 지성들의 이야기를 다른 이에게 이야기해주고, 이것을 다시 누군가에게 이야기해준 것을 내가 지금 듣고 있다는, 어찌 보면 쓸데없이 복잡한 액자식 구성의 설명들인데, 이는 결국 이야기를 통한 치열한 토론뿐 아니라 이에 대한 끈질긴 관심과 전달의 과정을 통한 이야기의 이야기를 통해 결국 아테네인들의 '이야기 사랑(philologia)'을 이야기하고 있는 것이라 할 수 있다. 따라서 이 책은 '사랑 이야기'와 '이야기 사랑'의 두 축을 집요하게 파고들며, 결국 그 둘의 상호작용과 합일을 스스로 증명해낸다.

원남교당의 건축가는 원불교의 원상을 보며 건축의 근원(arche)을 떠올린다. 그리고 그는 그 둘의 합일을 꿈꾼다. 그의 '건축 사랑'은 모든 건축을 불러 모아 향연을 펼치고, 건축의 근원을 찾는 여정은 원불교 구도의 길과 다르지 않다. 원불교와 건축은 서로를 향해, 혹은 서로를 위해 자신을 포기하지 않는다. 원남교당은 원불교를 위한 건축이 아니라 원불교의 건축이고, 그것은 하나의 건축이자 동시에 하나의 원상이다.

6
David Ruy, "Returning to (Strange) Objects", *Tarp Architecture Manual*, Spring, 2012.

7
플라톤, 강철웅 옮김, 『향연』, 이제이북스, 2014. 이 챕터 내용의 일부는 번역자의 작품안내(9–45쪽) 속 분석에 빚지고 있음을 밝힌다.

김인성

서울대 건축학과를 졸업하고 원도시건축에 재직하였다. 영국 셰필드대학에서 PhD by Design 학위를, 한국에서 건축사 자격을 취득하였다. 현재 영남대학교 주거환경학과에서 건축설계 관련 강의를 맡고 있으며, 주거와 건축 관련 단체와 기관들의 다양한 활동에 참여하며 실무와 이론의 연결에 주목하고 있다. 건축적 재현과 건축의 시간성 문제에 대한 관심과 연구를 토대로 건축비평 활동에 주력하여 2018년 건축평단의 평론상을 수상하기도 하였다.

한국건축역사학회 작품상 운영규정

2019년 1월 3일

한국건축역사학회 작품상 개요
한국건축역사학회 작품상은 건축설계 분야에서 건축 및 도시의 역사적 맥락을 뛰어나게 해석하여 적층된 시간의 힘을 창의적으로 드러낸 최근 준공작을 대상으로 하며, 그 건축가에게 수여한다.

수상 후보자의 자격
건축설계 작품을 실현한 건축가 누구나(학회 회원이 아니어도 무방)

작품상위원회의 구성과 운영
작품상위원회는 작품상의 세부 선정 기준을 정하고, 수상 후보 작품의 추천 및 선정 절차를 총괄한다. 작품상위원회는 건축이론과 비평 분과의 이사로 구성한다. 위원의 임기는 2년으로 하되 연임할 수 있다.

작품의 추천과 선정 절차
1. 수상 후보작은 학회 이사의 추천으로 한다. 작품상위원회에서는 기간을 정하여 수상 후보작 추천 절차를 진행한다.
2. 작품상위원회는 추천된 작품을 대상으로 1차 심사를 진행하여 3배수 이내의 수상 후보작을 선정한다.
3. 작품상위원회는 작품상선정소위원회를 소집하여 2차 심사를 진행한 후 최종 수상작을 선정한다.

작품상선정소위원회의 구성과 운영
작품상선정소위원회는 작품상위원회 산하에 두며, 위원장(부회장)을 포함한 5인으로 구성하되, 위원은 작품상위원회 위원 2인과 이사회 추천 외부인사 2인으로 한다. 작품상선정소위원회 외부위원은 이사회의 추천을 받아 회장이 위촉한다.

작품상 수상자 확정
작품상위원회에서 선정한 최종 수상작이 이사회에 보고되면, 특별한 결격 사유가 없는 경우 이를 수상작품으로 결정하고 학회 홈페이지 등에 공지한다.

시상의 시기 및 부상
작품상은 춘계학술대회(5월 임시총회) 혹은 추계학술대회(11월 정기총회)를 기해 시상함을 원칙으로 한다. 수상자에게는 상패를 수여하고 작품집을 발간한다.